革命與我

辛亥革命元勳王棠口述

王頌威
黃振威 主編

商務印書館

革命與我

口　述：王　棠
主　編：王頌威、黃振威
責任編輯：張宇程
封面設計：涂　慧
出　版：商務印書館（香港）有限公司
香港筲箕灣耀興道三號東匯廣場八樓
http://www.commercialpress.com.hk
發　行：香港聯合書刊物流有限公司
香港新界大埔汀麗路三十六號中華商務印刷大廈三字樓
印　刷：美雅印刷製本有限公司
九龍觀塘榮業街6號海濱工業大廈4樓A室
版　次：二〇一五年六月第一版第一次印刷

ISBN 978 962 07 5651 1
Printed in Hong Kong

目錄

編者序

王棠，字召南，廣東中山人，一八九〇年九月二日生於中山，一九五二年一月五日卒於香港堅道家中。他早年在中山生活和工作，一九〇八年赴美國三藩市經商，旋與孫中山認識，並成為其終身支持者，資助革命活動，不遺餘力，甚至傾家蕩產，在所不計。他的長子頌強、次子頌剛、三子頌明，名字俱為孫中山所起。辛亥革命後，王棠被指派返國，為建國及繼續革命而奮鬥。一九一四年王棠往香港，在粵港滬三地經商，成績斐然，先後在香港利民興國織造有限公司、恒利船務公司、華洋織造公司、安樂園糖果餅乾有限公司、中山織造公司及五華銀行，擔任總經理、董事等職。其間仍繼續支持革命、募捐及協助有難同志等工作。在官職方面，歷任大本營會計司司長、廣東財政廳廳長、廣州市財政局局長、粵漢鐵路局局長等職，為革命事業，出謀劃策。他也是基督徒，在從商理政之餘，熱心社會事務，曾任廣華醫院總理和九龍基督教青年會主席。

《革命與我》由王棠口述，書成於一九四五年十二月，以革命為主軸，記錄他由四歲至五十六歲的所見所聞。王棠生前，很可能有寫日記的習慣，《革命與我》或以其日記為底本，書中所記之時、地、人，均巨細無遺。他身處中國歷史上最動蕩的時代，歷經中華民國、北洋，及香港淪陷各時期，加上他交遊廣闊，認識當時許多政、商名人，自己亦是其中若干事件的見證和參與者，故得悉不少政海秘辛。《革命與我》既是珍貴的革命文獻，也是研究廣東和香港史的重要史料。

《革命與我》手稿由王家後人珍藏多年，保存狀況相當良好，為便讀者利用和閱讀，現重新整理校正，加入標點和註釋，原文圖片則附於正文之後。王家後人還收藏了孫中山親筆指令之信件及一批民國名人給他的書信、民國時代廣東政府和國民政府發給他的委任狀，以及早年與家人、朋友和同僚的合照，俱極具史料價值，現一併收入書中。

是為序。

王頌威　黃振威

光緒卅四年（一九〇八年）孫中山在北美洲三藩市與王棠、黃伯耀、黃超五、黃三德、唐慶昌與李仕南等合照，孫中山右前側為王棠。

一九一二年元旦追悼粵中倡義死事諸烈士大會紀念照，孫中山左前為王棠。

王棠掛章（前）

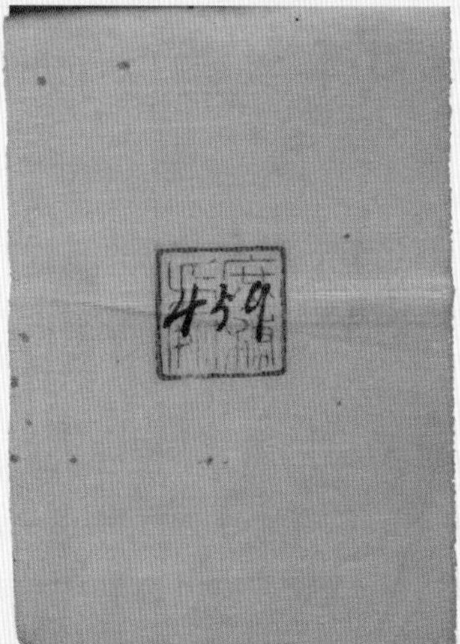

王棠掛章（後）

一九二三年梁士詒之父梁蕖三在香港太平戲院慶祝九秩開一壽辰，曾任財政總長、國務總理的周自齊來港賀壽。王棠與其他五位同僚接待周自齊時合影。

後排右起：王棠、孫科、黎照寰、吳鐵城

前排右起：徐紹楨、周自齊、楊西巖

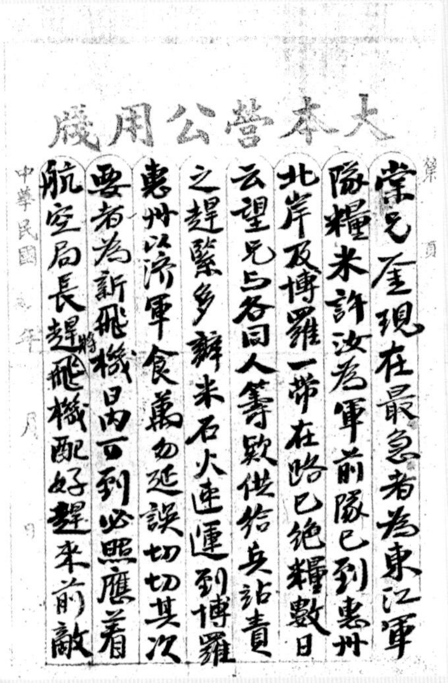
大本營公用箋

第　頁

棠兄鑒：現在最急者為東江軍隊糧米，許汝為軍前隊已到惠州北岸及博羅一帶，在路已絕糧數日，云望兄與各同人籌欵供給兵站，責之趕緊多辦米石，火速運到博羅、惠州，以濟軍食，萬勿延誤，切切。其次要者為新飛機，日內可到，必照應着航空局長趕將飛機配好，趕來前敵

中華民國　年　月　日

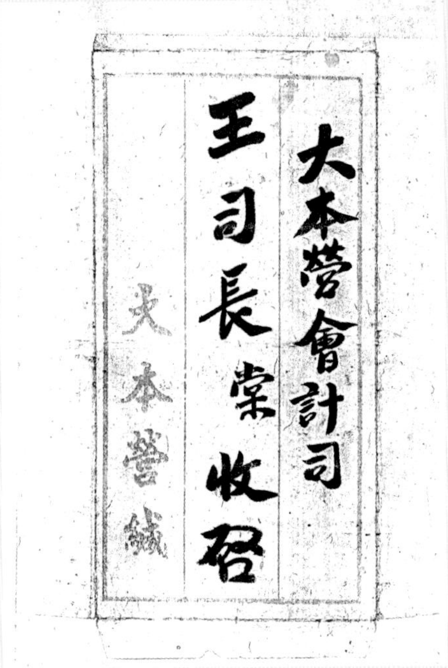
大本營會計司

王司長棠收啓

大本營緘

孫中山先生致大本營會計司王棠函（一九二三年）（此件為影印本，原稿暫存美國。）

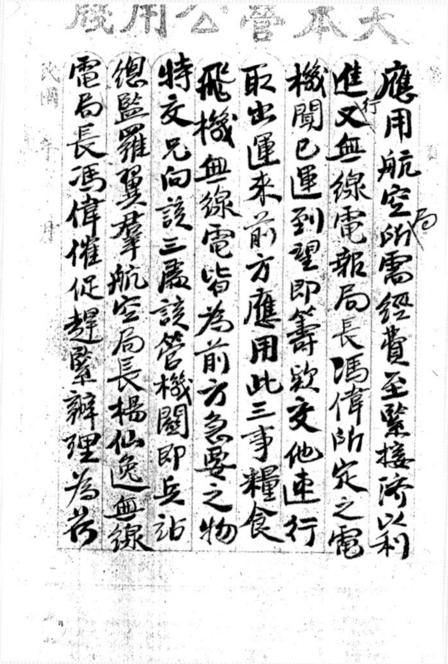

大本營公用箋

應用航空所需經費至緊接濟以利進行又無線電報局長馮偉所定之電機關已運到望即籌款交他速行取出運來前方應用此三事糧食飛機無線電皆為前方急要之物特交兄向該三處該管機關即兵站總監羅翼群航空局長楊仙逸無線電局長馮偉催促趕緊辦理為荷

民國　年　月

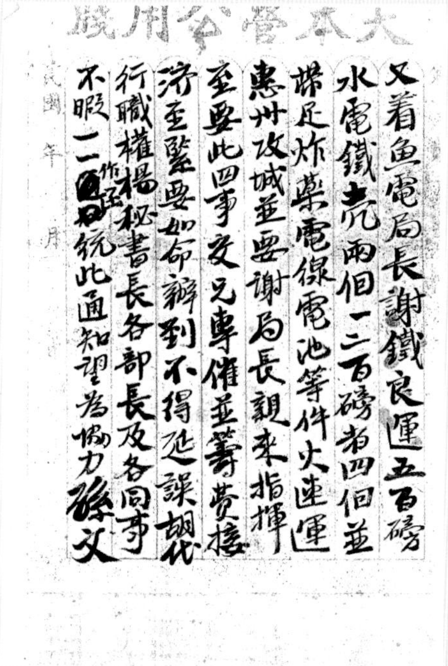

大本營公用箋

又着魚雷局長謝鐵良運五百磅水雷鐵殼兩個一二百磅者四個並帶足炸藥電線電池等件火速運惠州攻城並要謝局長親來指揮至要此四事交兄專催並籌費接濟至緊要如命辦到不得延誤切代行職權楊秘書長各部長及各同事不暇一一函統此通知望為協力　孫文

民國　年　月

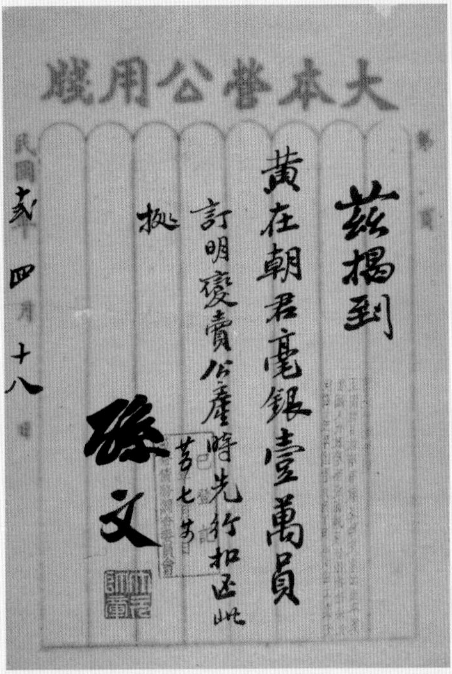

大本營公用牋

茲揭到
黃在朝君毫銀壹萬員
訂明變賣公產時先行扣還此
據
孫文
民國十二年四月十八日

已登記
廿五年七月廿日
革命債務調查委員會

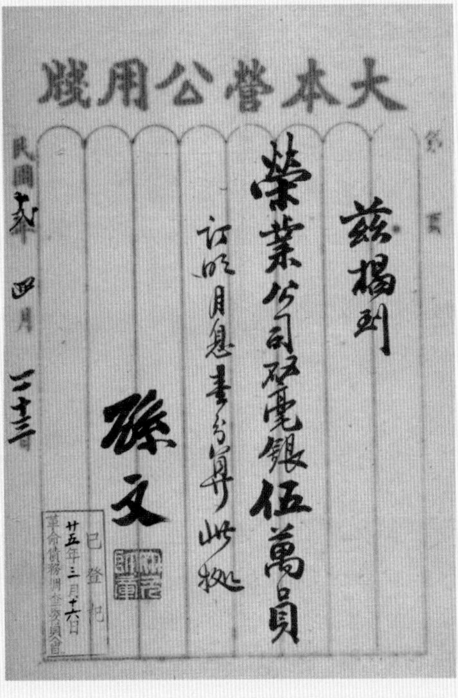

大本營公用牋

茲揭到
榮業公司[illegible]毫銀伍萬員
訂明月息壹分算此據
孫文
民國十二年四月二十三日

已登記
廿五年三月十六日
革命債務調查委員會

上圖：黃在朝借據（一九二三年四月十八日）
下圖：榮業公司借據（一九二三年四月二十三日）

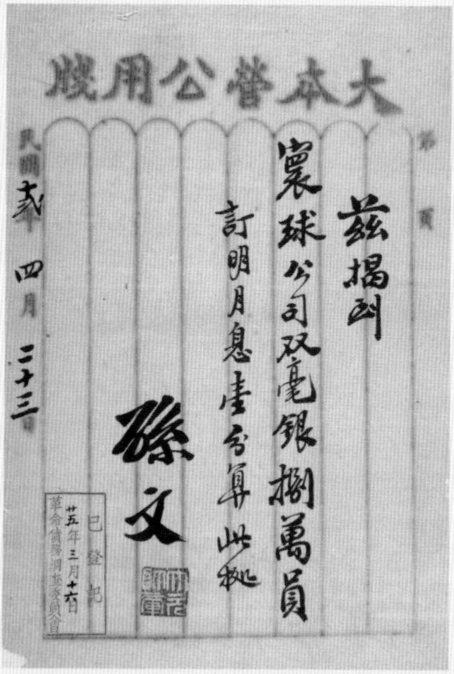

大本營公用牋

第 頁

茲揭到
寰球公司双毫銀捌萬員
訂明月息壹分算 此批
孫文
民國貳年 四月 二十三日

已登記
十五年三月十六日
革命債務調查委員會

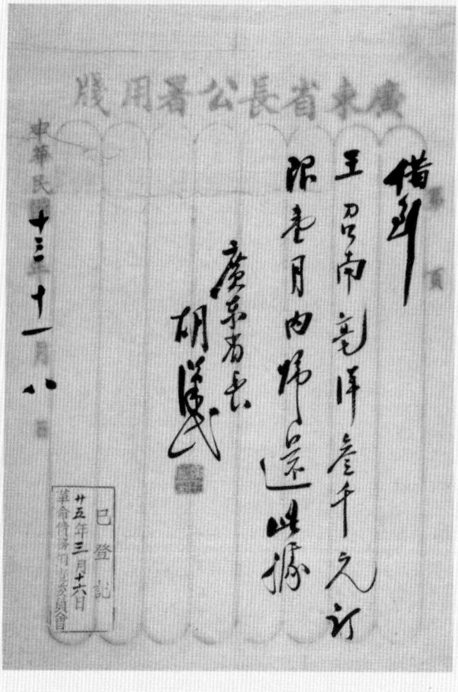

廣東省長公署用牋

第 頁

借到
王召南毫洋壹千元 訂
明本月內歸還 此據
廣東省長
胡漢民
中華民國十三年十一月八日

已登記
十五年三月十六日
革命債務調查委員會

上圖：寰球公司借據（一九二三年四月二十三日）

下圖：王棠借據（一九二四年十一月八日）

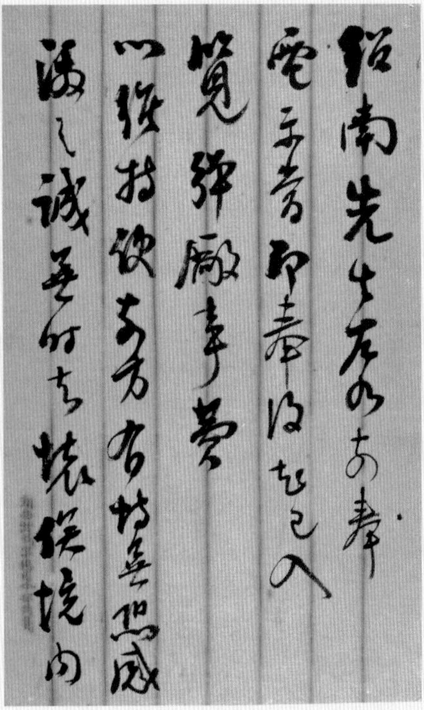

譚延闓致王棠函（一）

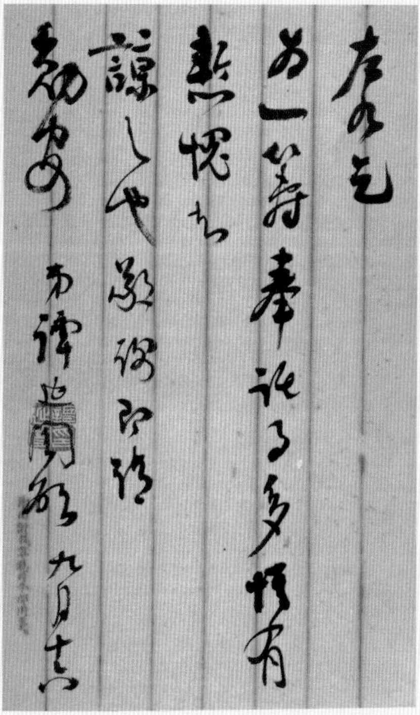

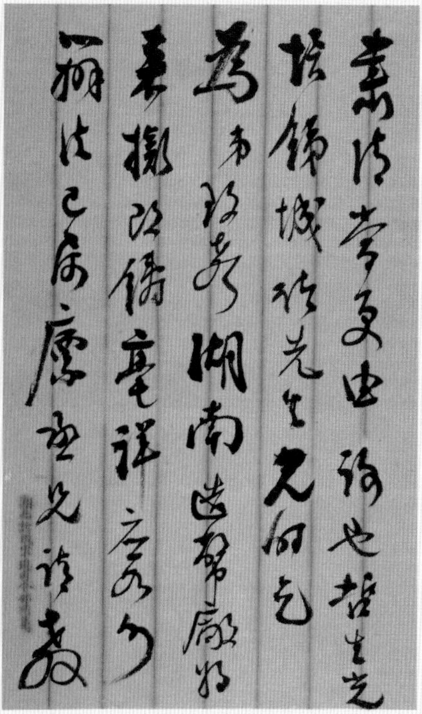

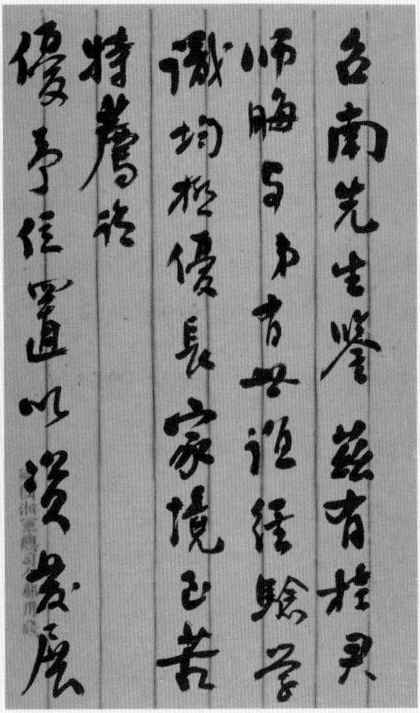

名南先生鑒　茲有桂君
師晦與弟有世誼，經驗學
識均極優長，家境亦若，
特薦於
優予位置，以資展

譚延闓致王棠函（二）

譚延闓致王棠函（三）

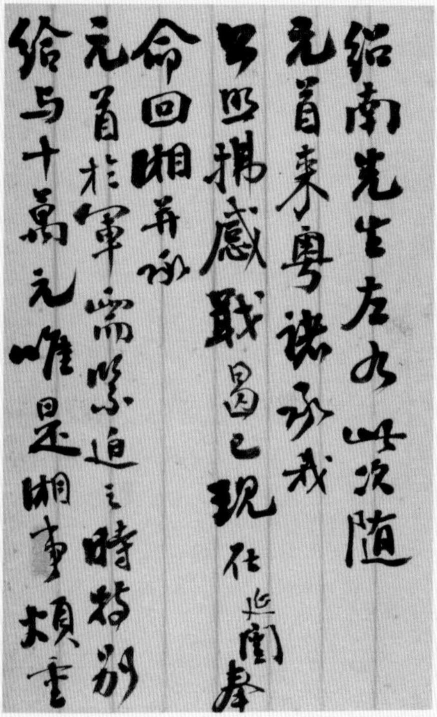
紹南先生左右：此次隨
元首來粵，諾承我
公照拂，感戢曷已。現在延闓奉
命回湘，并承
元首於軍需緊迫之時，特別
給与十萬元，唯是湘事煩重

一切業務尚需俟弟代再籌

回五二萬圓不敷尚希擬我

多代為設法籌備回萬元由閣

出具手摺回湘後四數奉還

行期如迫擬諸在一星期內代

籌業妥不勝感盼之至耑肅

一切對酌事宜業經屬廉

延宗摩兩兄隨時與

三君洽也專此瀨籍

勳安　　弟譚國瑾啟

肖十六日

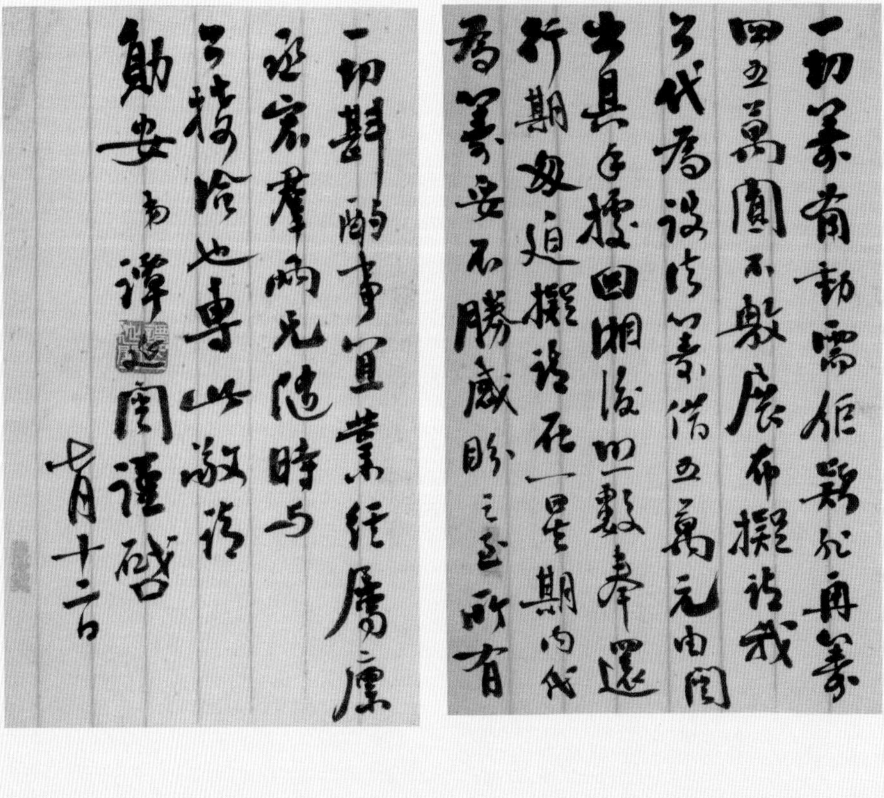

汪精衛致工棠函（一九二四年九月二十四日）

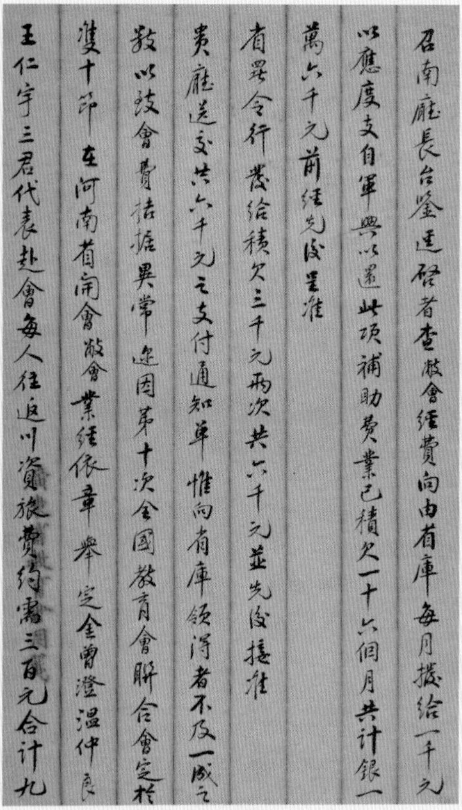

召南廳長台鑒逕啓者查敝會經費向由省庫每月撥給一千元
以應度支自軍興以還此項補助費業已積欠一十六個月共計銀一
萬六千元前經先後呈准
省署令行發給積欠三千元兩次共六千元並先後提准
貴廳送交共六千元之支付通知單惟向省庫領得者不及一成之
數以致會費拮据異常近因第十次全國教育會聯合會定於
雙十節在河南省開會敝會業經依章舉定全曾澄溫仲良
王仁宇三君代表赴會每人往返川資旅費約需三百元合計九

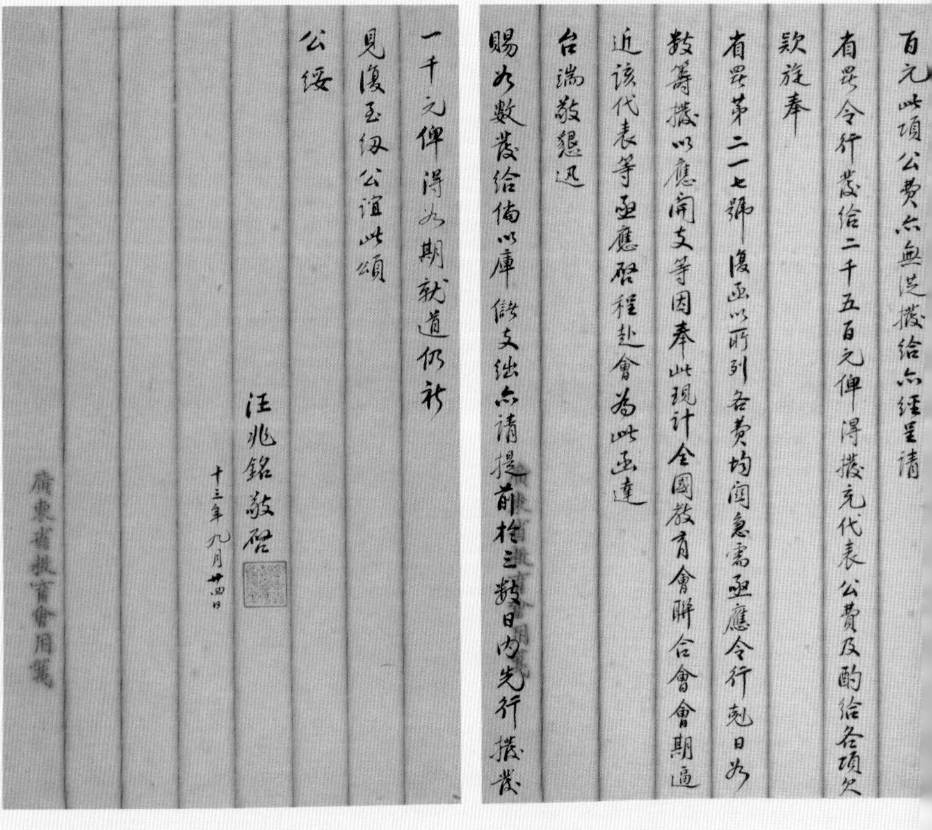

百元此項公費亦無從撥給亦經呈請
有案令行發給二千五百元俾得撥充代表公費及酌給各項欠
款旋奉
有案第二一七號復函以所列各費均關急需亟應令行剋日如
數籌撥以應開支等因奉此現計全國教育會聯合會會期逼
近該代表等亟應啓程赴會為此函達
台端敬懇迅
賜如數發給倘以庫儲支絀亦請提前於三數日內先行撥發
一千元俾得如期就道仍祈
見復至紉公誼此頌
公綏
汪兆銘敬啓
十三年九月廿四日

廣東省教育會用箋

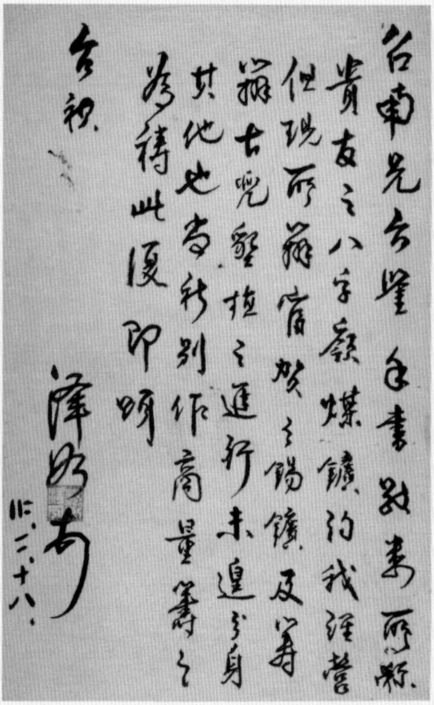
台南先生台鑒：手書敬悉。所囑
貴友之八字嶺煤鑛，約我經營。
但現所辦官於之錫鑛及籌
辦古晉墾植之進行，未遑分身。
其他也當於別作商量籌之，
務禱。此復，即頌
台祺
澤如 啟
二、二十八、

鄧澤如致王棠函（一九三三年（？）二月十八日）

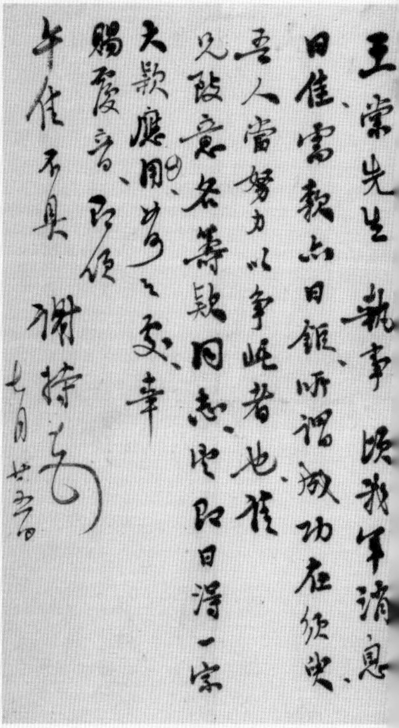

王棠先生執事：頃我軍捷息日佳，當較前日鉅，所謂成功在須臾，吾人當努力以爭此者也。茲兄啟意名籌款用志，即日得一宗大款應用，特此交幸賜覆音，即候午佳。不具。謝持啟 七月廿六日

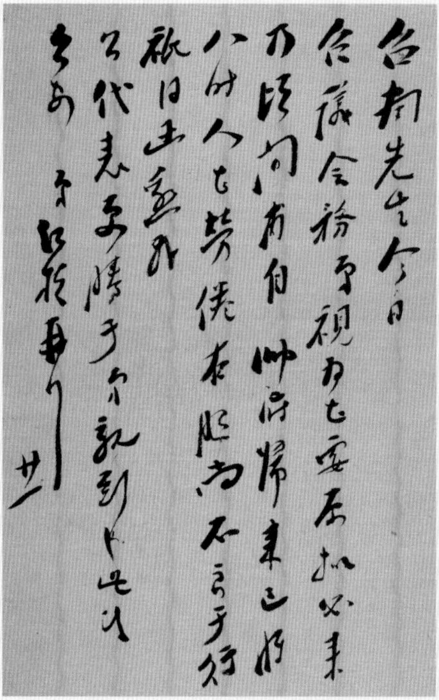

右圖：謝持致王棠函

左圖：某君（名字未能辨認）致王棠函

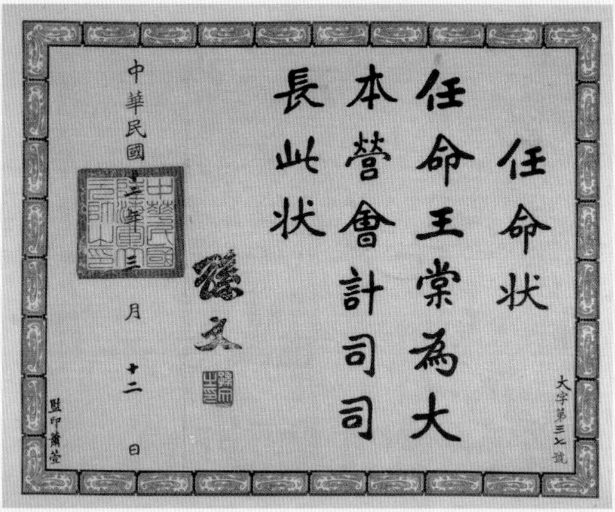

大字第三七號

任命狀

任命王棠為大本營會計司司長此狀

孫文

中華民國十二年三月十二日

監印蕭萱

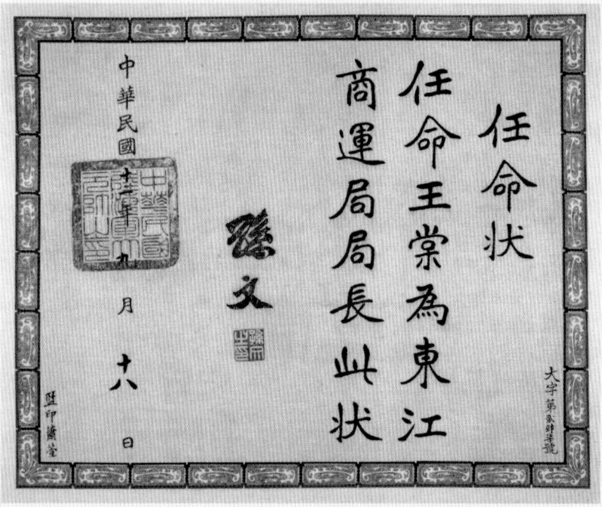

大字第[illegible]號

任命狀

任命王棠為東江商運局局長此狀

孫文

中華民國十二年九月十八日

監印蕭萱

上圖：大本營會計司司長委任狀（一九二三年三月十二日）

下圖：東江商運局局長委任狀（一九二三年九月十八日）

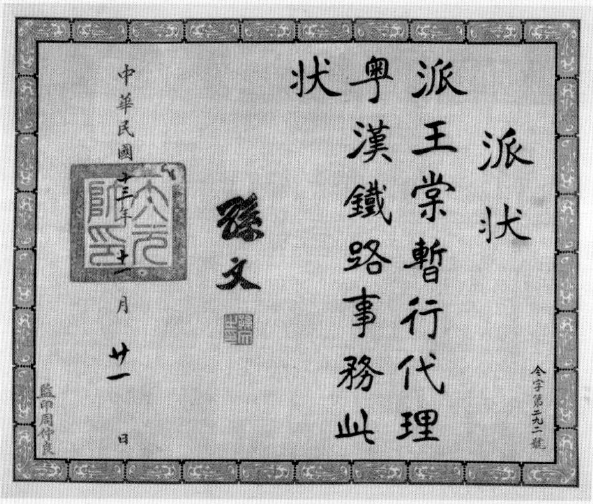
派狀

派王棠暫行代理粵漢鐵路事務此狀

孫文

中華民國十三年十一月廿一日

令字第二九二號

監印周仲良

登記證書　簡字第二八號

姓名王棠

年齡四十四歲

籍貫廣東中山

職務大本營會計司司長

等級簡任肆級

右公務員經本部依照公務員登記條例審查認為合格除登記外合行發給證書以資證明

銓敘部部長石瑛

中華民國二十四年八月　日

上圖：暫行代理粵漢鐵路事務狀（一九二四年十一月二十一日）

下圖：公務員登記證書（一九三五年八月）

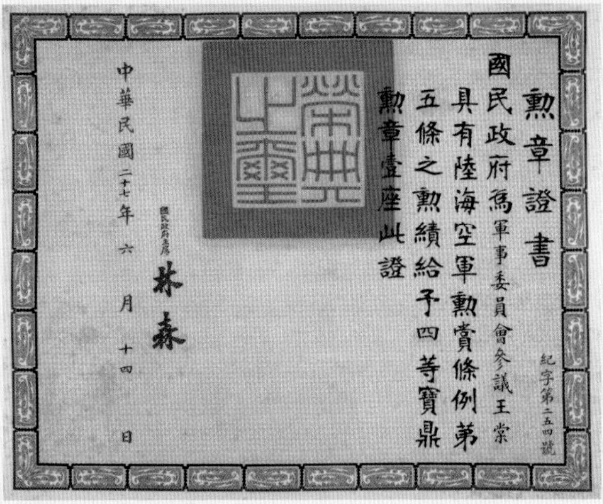
勳章證書
國民政府為軍事委員會參議王崇
具有陸海空軍勳賞條例第
五條之勳績給予四等寶鼎
勳章壹座此證
紀字第二五四號
國民政府主席 林森
中華民國二十七年六月十四日

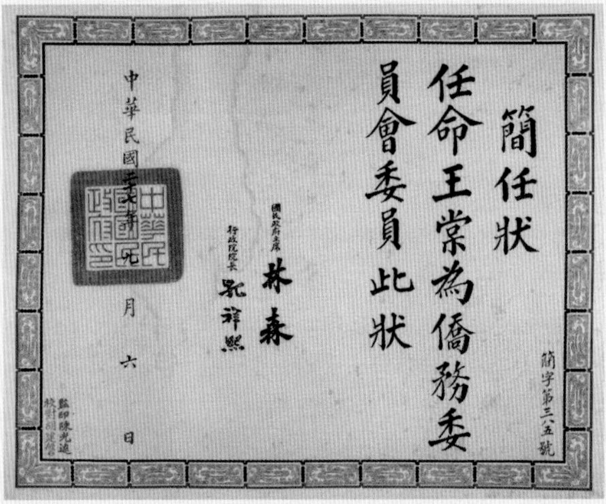
簡任狀
任命王崇為僑務委
員會委員此狀
簡字第三八五號
國民政府主席 林森
行政院院長 孔祥熙
中華民國二十七年九月六日
監印陳光遠

上圖：四等寶鼎勳章證書（一九三八年六月十四日）
下圖：僑務委員會委任狀（一九三八年九月六日）

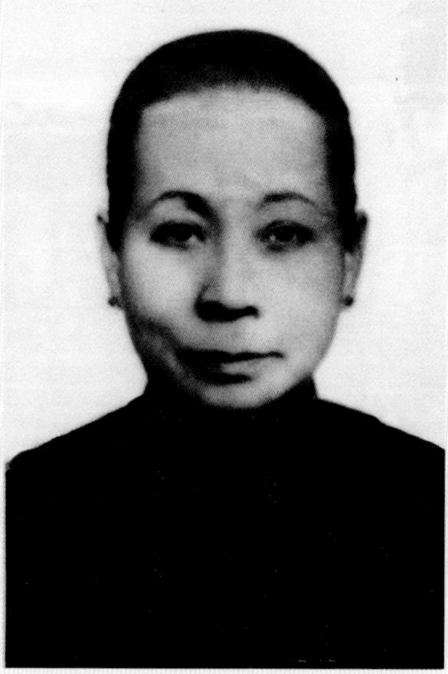

黃愛群遺照

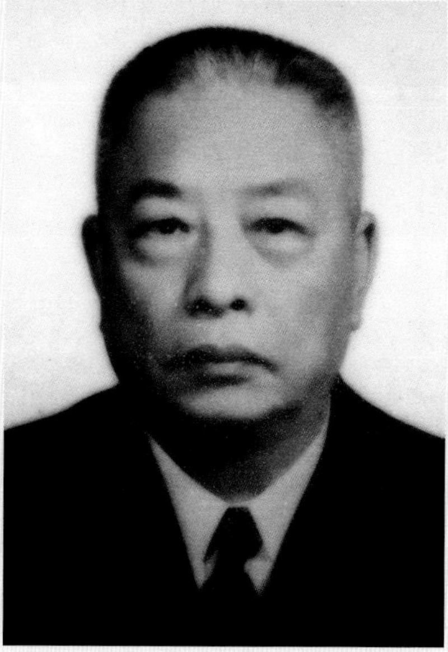

王棠遺照

王棠家庭照，約攝於一九三一年。

①王頌強
②未詳
③王頌剛
④王頌明
⑤王棠
⑥未詳
⑦王頌謙
⑧王頌權
⑨未詳
⑩王頌威

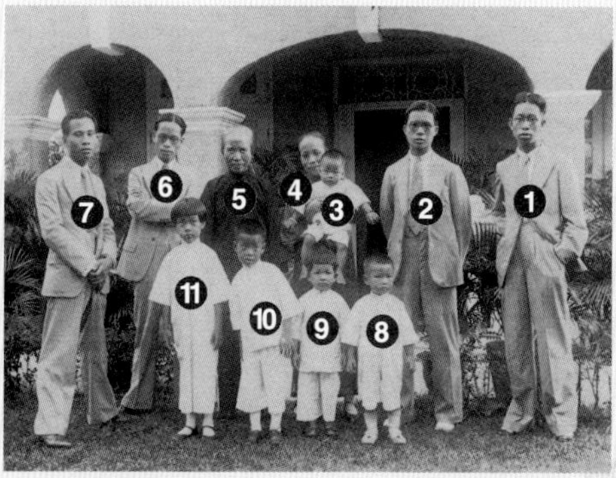

王棠家人合照，約攝於一九三二年。

①王頌剛
②王頌強
③王頌弢（手抱者）
④王棠夫人（黃愛群）
⑤王棠外母
⑥黃愛群八弟
⑦黃愛群九弟
⑧王頌威
⑨未詳
⑩王頌權
⑪王頌謙

王棠家庭簡表

父	王棠
母	黃愛群

王棠子女簡介

排行	名字	學歷	履歷	備註
長男	頌強	經濟學士	銀行家	已故
次男	頌剛	法律學士	律師、戰地攝影師、東山培正中學附設平民義學校長	已故
三男	頌明	機械工程博士（美國）	美國大學教授、美國太空總署太空探索工程師、美國國務院高級官員	已故
四男				夭折

五男				夭折
六女	頌謙	高中		已故
七男	頌權	機械工程碩士（英國）		已故
八男	頌威	醫學士	一九五六年至一九六一年任醫務衛生署醫官。一九六一年至二〇一三年私人執業	
九男	頌弢	大學	會計	
十男	頌豪	電子電機工程碩士（美國）	美國飛機製造廠工程師	
十一男	頌康	土木工程學士（澳洲）	澳洲政府工程師	已故

#《革命與我》謄正

（一）

余童齡時四歲，父親藻廷赴美經商，賴母親黃氏東家教養[1]。七歲起即在中山石岐私塾讀書。次年（即光緒廿三年）余之舅公設私塾於白水井巷程北海君住宅之前廳。余就讀於該宅，與程北海之五女、八女、七子同學。北海之一妻一妾，待余如自己子侄，暇輒到程家，內進與程氏子女嬉戲。一日，程氏有友到訪，相與談天，談到孫先生文[2]出走問題。余適因感冒，舅公着余至偏間休息。偏間與程氏內室相隔祇一屏門，程氏不知余卧在屏門側之椅。程氏與友人談孫先生因犯革命嫌疑（他稱作友）亟擬推倒光緒皇帝，離石岐，赴香港。孫先生所開設之中西葯局雙扉嚴搞，無人主持。程氏原在該局門外經營買賣舊料什架生意，已多日未見開門營業，乃冒險啟門入內，將店中什物執檢妥當；權以一邊鋪面兼營舊料生意，一邊則照舊經營葯品生意，擬候孫先生回來主持，盡賓主關係交還與他。但孫先生去了多時未見消息，亦無音訊，而其手製之葯品，多已售罄，幸留下葯方。程氏照方配購原料，製成補充應市。余靜聆兩人講話落花流水，滋滋有味，亦極感興趣，惟尚未十分明瞭孫先生離開石岐出走原因。

渾渾噩噩，倏過數載光陰，迨至十六歲（即光緒卅一年）余入鴻祐米店學習生意，翌年（即光緒卅二年）轉入寶祐米店充當幫柜之職，生活比當學徒較為優裕。寶祐米店設在石岐鳳鳴街，與恒和菓欄、惠和菓欄對門。恒和菓欄乃先伯漢廷公當司理，為人謹慎守舊，陳雁聲[3]君當頭柜。惠和菓欄係阮剛君當頭柜。在該年夏間，忽見惠和菓欄門側貼有紅柬一張，書曰：「店內阿剛氏介紹《粵東小說林》」等字樣。阮、陳兩君，年歲雖然較余為長，但相差不過五、七年耳。余等日出而作，日入而息，每日晚膳後，店中工作完畢，便早關鋪門。各●[4]於關門後，多拿木櫈在門外乘涼，因為鄰近情感，無話不談，談到介紹小說問題。初則向阮君借閱小說。同時有一林君由香港回，見余閱書有興趣，他晚間亦參加閒談，并借余《揚州十日記》一本，閱畢交還與他，後再借得有革命性書籍數本參觀。當時祗有等待寶祐司理先伯及各●睡後始燃一小燈偷閱。閱畢，感到我們漢族，堂堂華冑慘受滿人虐殺，流血成河，不禁義憤填胸，誓欲找一機會為死者復仇，雪前恥恨。余之革命思想，便由此發生，亦恍然明白前在程北海家讀書時聆悉程氏與友共談之事實、孫先生離開石岐放下中西葯局的緣故。

註釋：

1 編者按，為保留手稿本來面貌，除糾正錯字、增補漏字、刪去衍字以外，其他一律不作更動。

2 孫文（Sun Yatsen，一八六六—一九二五），譜名德明，後取名文，初名日新，後為逸仙，廣東中山人，中華民國的締造者，創立中國國民黨。孫文早年在夏威夷、廣州和香港接受教育，也是基督徒。一八九五年，他在香港創立興中會，宣揚革命，十月在廣州起事，失敗逃亡，繼續宣揚革命思想。一九〇五年為中國同盟會總理。一九一二年一月一日為中華民國臨時大總統。同年中國同盟會改組成國民黨，為理事長。一九一三年袁世凱派人行刺宋教仁，孫中山發動二次革命，失敗流亡日本。一九一四年組織中華革命黨。一九一七年在廣州建立軍政府，為大元帥。一九二一年任非常大總統。一九二二年與陳炯明分裂，被逐。一九二三年回廣州重設大元帥府，後落實聯俄容共政策。一九二五年在北京逝世。孫文的政治理論具體見於《三民主義》等書。

3 陳雁聲在民國初年曾任廣東中山縣警察局長。

4 編者按，未能辨認的字以●表示，下同。

（二）

是時先父藻廷公經商於美洲，余目睹清政腐敗，亟欲離開此專制黑暗的祖國，以美國乃一文明自由合眾國家，心竊嚮往，乃函先父設法辦理赴美手續。一年之內，去函請求達十餘次之多。迨至光緒卅四年八月間，接先父來函，云及渡美手續辦妥，囑即赴港候船，隨即前往香港乘船赴美。抵達金門，經過手續登陸後，即到三藩市華人埠都扳街華安號暫住。華安號之東主陳君乃余之世伯輩也。全店之東主店●都有相當年紀，多屬保皇黨（即帝國憲政會）會員。凡年少而有革命思想者難以涉足其間。查當時乃康有為[5]、梁啟超[6]在美國提倡保皇，帝國憲政會最發達之時也。

余登陸後，以初履斯土，亟欲一廣見聞。乃將衣履整理及剪了辮子後，約同華安店東陳世伯之侄外出遊行於某街上，瞥見廣告牆上貼有大標貼一張「今晚七時假座某戲院，敦請孫逸仙先生演說，不收門券。歡迎各界參加，共聆偉論。」等語。該標貼并無上下領銜，不明由何方發出張貼。余私謂陳君曰：「我們今晚可赴戲院聽孫先生演講否？」陳君半吞半吐，不敢置答。因受保皇黨尊長專制之下，頗多顧忌，并反問余曰：「孫先生是何人，你知否？」余答曰：「伊乃革命黨也。」陳君又問曰：「你何以知他為革命黨？」余答曰：「余由書報上得悉。」陳君於是極表同情，認為志同道合。伊正在學生時代，人極膽小，恐有得失於尊長。拖余至一橫街，細語喁喁謂：「今晚聽孫逸仙先生演講，我們可以去，但不能被店中各老頑固知之。倘他們得知，我們便難達目的矣。」

晚飯後，余乃以初到此地，不識道路為辭，大聲邀請陳君陪往各處遊覽。陳君答謂：「一同往看電影。」鐘鳴七下，我們兩人便聯袂而出，逕赴戲院聽講。坐下未久，見舞台上有一位主席坐於正座，孫逸仙先生坐於主席之左。先由主席起立介紹說明孫先生此次由別處抵此，今晚特敦請其登台演講等語。計參加者約有三百餘人，多屬年少的商人與工人。孫先生講至中途，距講台第八、九行座位之聽眾，有一人起立質問先生曰：「滿清政府如何專制？對你曾否加過殺害？」繼有數人手攜石碎磚頭，向講台拋擲，但先生兀立不動，非常鎮靜，置之不理，也不向他人責罵，祗有微笑，現出滿面春風，繼續演講下去，秩序依然，并無紊亂。暴徒數人覺得無甚興趣，分頭先後退出，而聽眾對此事亦絕不理會，不作為一件事。余目睹此情形，覺得孫先生之堅毅精神、人格道德修養確有過人之處，加速我們的興奮。

演講完畢之後，余即到講台上與孫先生招呼。孫先生即伸手與余相握，詢余是何處人，到此地若干年？余一一以實告，并云余今日初到，下午登陸。孫先生點頭曰：「初來即來聽講，贍子確大。」余與孫先生初次相晤，其仁愛忠誠、和藹可親之態，令人發生愉快，油然生尊敬及信仰之感。旋由孫先生介紹與當主席者黃君相識，相談甚快，孫先生告余赴各地宣傳革命工作經過及華僑情況。余乘間詢先生曰：「剛才用石碎、磚頭擲上講台之人，先生與其認識否？」先生答曰：「不識。」余再詢曰：「先生有被擲傷及受驚否？」先生答曰：「此乃司空見慣之事，反對我們主義的人，常有這種舉動，若有恒心應付於他們，必獲得他們就範。有一次我在雲高華演講，情形比較這次厲害，將擲上講台的磚頭木石搜集起來，有佰餘弍佰磅之多，但始終沒有被它擲傷。應付此種搗亂份子，我本人宗旨，絕不理會，更絕不認其為一件事，以泰然態度處之。他們攜來之石碎，擲完了自然不擲，反為自己覺想到理虧。若他們知道理虧，便悄悄地自動走了。」余聆畢此段箴言，余及陳君均大感動。有此機會接受先生的慈祥感召，似有無限榮幸安樂。談至十時許，余乃邀請先生及黃、陳兩君同赴都扳街杏花樓食消夜，先生諾之。共用了七塊半錢，余身上僅得六塊錢，向陳君借了兩塊錢，方能湊足此數結賬。散席時，已午夜十一時許矣。臨別互道晚安，先生告余其住所地點，約余等明日再談。

適逢翌日乃星期日，陳君不需上課。正午十二時與陳君到先生住所拜訪，商談入盟事。蓋斯時尚未有黨，先生見余一片真心，有愛國熱誠，帶往見致公堂大哥唐君，斟酌加入致公堂（即洪門）。先由先生在唐君住宅與余及陳君主盟發誓，另日開山加入洪門。儀式一種表示成為盟友。是日余姊夫之父黃燦卿公知余抵步，他係洪門重要份子，充當洪門所辦之報館《大同日報》要職，知余是一個有革命性的人，恐住於華安有不便之處，即到華安號訪問，邀余住於他家，并教余學習英文。他有一妻兩子，大子即余姊夫寶朝在發明書籍公司受職，幼子在學生時代。他妻待余極好，細子課罷歸來，督促教余唸書。過一天，孫先生約余赴旅館會面，由黃燦卿公陪往，講及余本人新到此地及是晚到戲院聽講，向黃燦卿公贊許余意。黃公因公事辭出，先生教余繪製黨旗即青天白日旗。除將尺寸説明外，并提示注意十二角要分開。

約一星期後，先生便離開三藩市赴別處去了。在先生留居三藩市約十天左右的時間當中，余每日到先生處互談一小時，共領得十餘鐘點的教訓，作為余等宣傳的綱領和工作的南針。先生去後，黃燦卿公介紹余入《大同日報》服務，與劉成禺（即禺生）[7]、徐甘棠同事，除去學校上課外，則在報館裡半工半讀。除對相識親友間接宣傳革命外，在兩個月後，説到唇焦舌弊，把一班老頑固的世伯都被余逐漸陶化了。當開始宣傳的時候，真感到非常棘手，所有一般老頑固的世伯和余的父親，每日給余許多恐嚇和辱罵，説余是逆黨作反份子，他日回國必遭斬首，但一人之死不足惜，恐更連累父母家人受抄家等詞。其中又有世伯輩向余父親挑撥。幸余宗旨堅定，不屈不撓，寧作革命鬼，不作專制奴。經過相當時間，父親和世伯才漸漸明白我等處在專制淫威之下，已忍無可忍，非革命無法拯救四萬萬同胞於水深火熱中的宗旨了。不幸父親僅對余主張初步了解，漸表同情的時候便染了急症身亡了。

是年聖誕節後，先生由別處來函，著余等組織少年學社，聯絡有志青年參加，由余及陳帝庚、林潮漢、劉漢華、黃超五、黃伯耀、崔通約[8]、李梓青、余日朝、李仕南等君發起，租得士得頓街鄺吉映相館閣樓為社址，每晚七時至九時，凡屬發起人必要到社。若一連兩晚不到，罰款二角半。該社成立後，一班有思想青年，蜂擁加入，不半年間社友增加至三佰餘人。宣統元年七月間更組織一劇團演戲籌款。初租一戲院演白話劇一晚，名曰「女學生」，意義即秋瑾遊東洋，此乃屬試演。該晚所沽入場券，計頭等弍元、二等一元、三等五角，共得款壹仟元。除院租二佰餘元，尚得七佰餘元，成績頗佳。各社員均感興趣，於是決定由社員每人認捐樂器一件，有演劇天才者，自行寄信至香港訂製戲服。各社員不分晝夜，多在社內練習音樂唱曲。數月後，戲服運到，遂開始排演銅鼓大戲。每月則在戲院開演二晚。所得券款除院租、印刷外，均彙集存入銀行，聽候孫先生到來定奪。該劇團名曰「少年學社」。劇團每次演戲祇用支院租及印●●入場券等費，其餘均不開銷。因各社友即團員均有職務，故大家都當義務，甚至消夜都是自己解囊，概不動用公款，枵腹從公，真當之不愧也。余在戲團擔任管什箱，另任男丑生角，扮演乞丐。計演戲七晚，集得美金弍萬元左右。

註釋：

5 康有為（一八五八—一九二七），字廣廈，號長素，晚號天遊化人，廣東南海人，中國近代著名思想家和政治家、晚清戊戌變法的領袖。康有為二十二歲遊香港，被西方文明深深吸引，開始形成救國救民的思想。一八九五年曾發起「公車上書」。一八九八年在光緒帝支持下開展戊戌變法，失敗後逃亡，康有為所領導的保皇黨多次與孫中山為首的革命黨展開論戰。康有為在民國時期鼓吹孔教為國教。一九一七年參與張勳復辟。一九二七年逝世於山東青島。重要著作有《新學偽經考》等。

6 梁啟超（一八七三—一九二九），字卓如，號任公，廣東新會人，清末民初思想家、學者、政治家。梁啟超一八八九年中舉人。一八九〇年師事康有為。一八九六年任上海《時務報》主筆。一八九七年任湖南時務學堂總教習，鼓吹變法。一八九八年參與戊戌變法，變法失敗後亡命日本，任《清議報》和《新民叢報》主筆，積極介紹西洋思想，同時鼓吹君主立憲。一九〇五年與革命派《民報》展開筆戰。一九一二年返國，統合各小黨派而為進步黨。後參與討袁，晚年專意治學，從政界引退，任教於清華大學國學研究院，一九二九年逝世。重要著作有《飲冰室合集》等。

7 劉成禺（一八七六—一九五三），本名問堯，字禺生，湖北武昌人，革命元勳、著名文人。早年入武昌兩湖書院，後入自強學堂。因唐才常案被累，往上海，後在香港加入同盟會。一九〇一年入日本成城陸軍預備學校。一九〇二年與李書城等在東京出版《湖北學生界》，後赴美為《大同日報》總編輯。一九一一年，離美返國，入南社。一九一三年起先後任湖北省參議員、廣州大元帥府顧問、臨時中央執行委員、國史館總編修等職。一九五三年逝世於漢口。代表作有《洪憲紀事詩》、《世載堂雜憶》等。

8 崔通約（一八六三—一九三七），原名成達，廣東高明人，學者。

（三）

宣統元年冬間，華安因管賬歸國，需人助理店務，陳世伯邀余回華安當柜面職。宣統弍年正月底孫先生又到三藩市，我們將少年學社組織經過和演戲所得款項數目向孫先生報告，他主張盡將戲款匯去香港，交與黃克強[9]先生收用（即三月廿九之役所用）。又將少年學社改稱為同盟會。凡屬少年學社社員，一律填入會志願書，加入同盟，作正式會員。孫先生攜到中華革命黨金幣鈔票數百本，每本伍拾張，每張票面十元，沽美金每張五元，交給各社員擔任勸銷，余擔銷十本，平日最反對余主義者之朋友們，余亦向他們兜銷。

二月中，孫先生到華安店訪余，入門時，各世伯世叔均覺得詫異。隨由余介紹各世伯與孫先生認識，談起來，陳世伯與孫先生有些薄親，愈談愈投契，繼留孫先生在店晚膳，他一言答允。在席上談到革命推倒滿清問題，孫先生所言皆娓娓動聽，坐中多認為合情合理，極感興趣，但其中有一位保皇黨客人亦在坐食飯，對孫先生大加辱罵。席上各人非常難過，孫先生亦弄到舌弊唇焦，向該客人多方開導，始被屈服。飯後，店中各人着余送孫先生回去，行至中途，經一某什貨店門前，有店●兩人追出曰，你睇那兩個賤種，一雙面行，邀旁人觀看云云。余當時憤火中燒，欲與理論。孫先生曰，此乃無知識者之行為，不宜與伊辯駁等語。遂置之不理，步行回去。

翌日，孫先生又在戲院演講，平日最反對我們幹革命黨工作之世伯們都來參加，雖然他們未有加入同盟會，也算同情於我們也。從此以後，常罵我們殺頭鬼之世伯們，也改變方針，贊成我們之工作。此乃表現著孫先生之愛人如己，高義可風，反對者都受到感動，自知理虧，思想漸趨正確。以後我們所幹工作比較從前減少許多責難和煩惱，已順利得多了。在店中亦敢大聲疾呼打倒滿清，殺盡滿奴之語矣。孫先生這次到我們店中居住三天，世伯們半知半伴，任由我們招呼，由余將睡鋪讓與，余則在孫先生床前架一帆布就寢，朝夕與共一連三夜，均與孫先生對卧相談，增益匪鮮。這次在戲院演講之前，在同學會中挑選四人，先上演講台演講，每人講十分鐘，余佔其中之一，由余領隊。孫先生曰：「此乃練習式，你們勿作座上客人作人，祇作是空列椅子，才不怕心怯，這樣自自然然可以講出你心中意思，言所欲言，不致有窒台之弊。」我們遵依教訓，是晚果然達到演講成功。從此之後，我們便組織演講隊，擴大宣傳，先組四隊，每隊三人，製白布旗幟一面，書曰「同盟會演講」，每晚出發，三隊留一隊休息，分頭在當中馬路口，用木椅子站高演講，宣傳革命。隊員中年齡多在十八歲以上三十歲以下者，演講不及半月增加至十隊之眾。會員爭先恐後加入，其有經濟●●少年，更自製顧繡名貴旗幟出發，因此鼓動人心，有大裨益。逐漸將演講隊（宣傳隊）推進至各埠，先派人到各地接洽推行，均皆響應，甚至三數十會員之小埠，皆組織有宣傳隊，其力量宏大，推進迅速，係屬初見。不半年間，南北美洲、加拿大雲高華、檀香山、南洋群島等地，均有宣傳隊之組設，這時會務更稱發達。

記得有一天，適逢星期日，會員多數休息，到會談天和學音樂唱戲，在正午十二時左右，有一會員剛往綱紀慎禮拜堂守安息日回來，對我們說道，帝國憲政會在天后廟街與綱紀慎禮拜堂對門，我每逢往守安息日，一出禮拜堂門，便見保皇黨招牌，真令人可恨。時連余共六會員在座，共謀對付方法。其中一會員很悠閒地說：「何必忿恨呢？如係你們肯去將其招牌除下，我亦參加。」此議一出，大眾贊同，於是六人齊跑到保皇黨門前，做落招牌工作，但該帝國憲政會樓梯門經已關閉，不能上樓，且該會有人在騎樓望下，知我們來意不佳，不獨不肯開門，更用電話通知警察署派人阻止。各會員知道我們舉動，不十分鐘，增多人數幾倍，有主張在附近借木樓梯登上，有主張騎上肩部由騎樓爬入，引動附近店戶之人站立滿途觀看。警察到場干涉無效，再去電話警署請示，嗣後警署駛救火機到來開水喉向我們猛射，意欲制止，斯日適為星期日，我們揀選穿著之漂亮西服革履，都被射濕，如同落湯雞一般。警察方面，得知我們係含有政治作用，並非歹徒，概不動武，明知不合，很守文明對付，惟有遂警署命令，欲用水射擊，意圖解散。弗料愈來愈兇，結果爬上將招牌鐵線解脱，將高度三尺、闊度約十二尺梓鐵木邊黃地紅字帝國憲政會招牌除下，警察協助扛之牆邊，我們便散隊回去換衣服。照道理說來，將人家招牌除下，原不合法，但一時之憤，雖無道理也難制止。此種舉動，本屬不好，幸做法尚稱文明。我們除將其招牌除下，達到目的外，無損害其他物件，且收隊時曾向警察聲明，祇取下招牌為目標，警察亦微笑與我們握手話別。翌日，保皇黨向法庭控告，我們齊赴法庭候訊，雙方錄供詞畢，警察說明經過，法官着警察代他掛回招牌作為了事。法官遂即退堂，我們相繼而出，嘻嘻笑笑而回，一場落招牌事案告一段落。

註釋：

9 黃興（一八七四—一九一六），字克強，湖南善化人，革命運動領導，黃興早年先後在長沙嶽麓書院和武昌南湖書院就讀。一九〇二年赴日本留學，開始鼓吹革命。一九〇三年返國，同年十一月在長沙創立革命團體華興會，曾策劃多次起義。武昌起義後從香港到武昌，任民軍總司令，南京臨時政府成立後，任陸軍總長兼參謀總長，一九一三年孫中山解職以後，黃興改任南京留守，國民黨成立之後，當選理事，袁世凱且授予上將，惟沒有接受。宋教仁被行刺後，任江蘇討袁軍總司令。一九一六年病逝於上海。

（四）

是年[10]，清廷派親王、海軍大臣洵貝勒[11]到美國考察海軍，我們獲悉之下，暗中計議，俟他到時，將其行刺。經過六次之討論後，自告奮勇者計有朱卓文[12]、佐治鄺、劉漢華連余等共九人。最後一次秘密會議在新呂宋巷九號三樓，議決各自備手槍一枝。該槍名「滅仔」，用三十二號鉛彈者，每枝值美金伍元。該處自由買槍，且自由攜帶，不加限制，故無槍者均可購買。當該洵貝勒到來之日，我們預先潛伏碼頭附近，待機行事，弗料朱卓文同志比較我們來得稍遲，誠恐失了機會，匆忙在人叢中衝入，被警察察出形跡可疑，將他搜身。幸朱卓文同志身穿大褸，非常機警，一方面將手插入褸袋，用手握住手槍，警察衹摸著他軟軟的手，遂被瞞過，混入人叢中脱險。佐治鄺係美國土生，性情剛直，不太機警，卒被警察搜出其身上手槍。正當洵貝勒將登陸時，將佐治鄺同志拘去，秩序稍亂，警察即下令戒嚴。我們知事已洩漏，若勉強幹下去，誠必失敗。於是各自回去，設法進行第二步計劃。翌日法庭開庭審訊佐治鄺同志，他本人直認行刺洵貝勒不諱，審事官將案押後，過數日再開庭，審訊問其同黨來行刺者共有若干人，他衹供認係他一人，不供出其他同謀行刺的同志。我們設法聘請律師上堂辯護營救，各同志十分踴躍捐資為佐治鄺訴訟，結果佐治鄺被判有意殺人，監禁十年。當佐治鄺同志被拘後，該案押候未判決前，我們不知佐治鄺同志口供如何，有無供出其他同謀之八人姓名、住址，誠恐發生牽連和危險，為安全計，各人分頭赴各地暫避，余則赴活吾埠天信號。得陳世伯之助，着在該埠天信號受職。

隔了數月孫先生又來，知余在活吾埠天信號受職，特搭船到來探余，在余處住宿四宵，余告假陪同赴大坑一帶各小埠演講。天信號乃營中西衣服、疋頭、酒吧、西餐生意。每晚殺大豬一頭，翌晨分派各園口。孫先生嗜食豬紅，見余屠豬，着留豬紅，每晚煲豬紅粥共食。

經過行刺洵貝勒之事後，我們工作更加繁劇，創辦《少年中國晨報》，由黃超五、黃伯耀、崔西約、李梓青、余等為發起人。余與黃伯耀、黃超五、李仕南等同志為募股專員，李梓青為總報社收款人，梅光培、朱卓文、黃晉三同志為各地收款人。出版後多一宣傳喉舌，一紙風行，會務更加發達。宣統三年三月廿九黃花崗之役之後，會務蒸蒸日上，工作極速，籌款更為踴躍。

註釋：

10 編者按，一九一〇年。

11 愛新覺羅·載洵（一八八五—一九四九），清宗室。一九一二年後居京津。一九四九年病逝於天津。

12 朱卓文（一八七五—一九三五），名超，字卓文，以字行，廣東中山人，中國第一代飛行員。年輕時到夏威夷檀香山謀生。後在美國學習飛行技術，因有志於革命事業，一九一〇年加入中國同盟會。民國成立後協助孫中山發展空軍。一九三五年因涉行刺廖仲愷案被廣東軍閥陳濟棠處死。

（五）

是年[13]秋後，武漢起義，自京陷帝奔之電發後，清廷塌臺，孫先生自加拿大來電各分會，着凡有二佰人以上者，須選二位熱心會員回國效力，各分會根據來電，召集會員大會。選派代表，噶崙、活吾兩埠合選出黎鐵魂、鄭官梅（即鄭占南）[14]與余三人為代表。鄭占南同志因生意不能即離告辭，由余與黎鐵魂兩人代表。余等將手續辦妥後，同赴三藩市乘船回國。同船歸國効力者有陳永惠、梅喬林、張藹雲等同志，均屬北美洲分會選派者。船經檀香山時，余登陸往訪程瀾生、姚祖康、謝英伯[15]同志。船抵上海時獲悉孫先生經大西洋先我們抵滬，早入南京，我們則經太平洋。計北美洲方面共有代表八人在滬，約同趁火車入南京。事先我們聯合拍電致孫先生，聲明某班車入京。抵站時孫先生派朱卓文同志在車站迎接，即乘馬車赴中正街總統府（即舊都督衙門），將行李摒擋後，改由朱卓文同志帶見孫先生，即派我們分擔工作。

余則派至會計局（因孫先生知余在美國華安、天信兩號都是充管賬職），現局長應夔丞[16]，後局長翁方鳩，將桌上應用文房用品、發條紙領取檢妥後，即由應局長帶往洋服店度身縫軍服。孫先生每日離室出巡總統府內各部，次，均由朱本富、黃大偉[17]兩人隨之。總統府內廣東人很少，我們是華僑，初初入府辦事，方言上諸多不便，幸秘書王之瑞（即雲五）[18]、參軍黃士龍與余鄰房居住，公餘過房領教，不致寂寞。數日間，又經海軍陸戰隊長許鳳珊君介紹，往訪衛戍司令徐紹楨[19]，得與週旋，時相過從。幸徐司令為人豪爽，極重鄉情，殊不客氣。余得此機會，每晚飯後，都到夫子廟即秦淮河邊夫子衛戍司令部談天。總統府當時衹有汽車一輛，係孫先生用的，此外概用馬車。余用慣之馬車車伕名喚陳福，總統府之車輛及車伕係庶務陳興漢君管理。每晚飯後，陳福都為余預備馬車侍候。余每晚外出，衹係去衛戍司令部，久而久之，陳福駛車於晚上均駛至該處，談至八時左右，則回總統府，請王秘書之瑞教國語。余能講國語，全賴王秘書之瑞之助。王秘書為人忠厚誠實、謙卑仁愛、儉樸，十分用功，每離秘書廳都在房內唸書。八時以前，余不敢向其騷擾，俟他誦讀完畢余才回習國語。天天工作都如是也。

民國元年元旦日，孫先生正式就臨時大總統職，是日上午孫先生、陸軍總長黃興率領府內高級文武官員赴明孝陵致祭朱洪武太祖。十一時半祭畢，返總統府休息。孫、黃兩氏赴孝陵時身穿黃絨軍服，回來後孫先生即換西裝大禮服，即現市面發售八分面大禮服之相片是也。此照片係由上海北四川路同生照相館攝影者。正午十二時，在總統府大禮堂舉行正式就職典禮，各國公使人士均有參加，門外鳴禮炮一百零一響。

未幾，孫先生之眷屬由檀香山返國，抵京時，孫先生派余與朱卓文同志兩人負責料理，來者有盧夫人慕貞[20]、孫公子科[21]、兩女公子[22]、陳四姑[23]等，居住於總統府右面之洋樓，即參謀本部程頌雲[24]同志辦公室地點。數閱月後，南北議和，北方袁世凱[25]派唐紹儀[26]為代表，南方孫先生派汪兆銘[27]為代表，來往接洽成功。孫中山讓位與袁世凱。

某日由孫先生在總統府大堂舉行遜位典禮，由唐紹儀代表接收大總統之璽。是日將中國同盟會改為中國國民黨，唐紹儀亦加入國民黨。查當時尚有進步黨、共和黨。同時黃興解除陸軍總長職務，改稱留守，遂將總統府招牌之總統府三字改為留守府，將府內一切物件移交留守府點收。孫先生下一手令：「著朱卓文、王棠、黃晉三負責將總統府車輛、傢俬什物、文房用品點交留守府接收。此令。」

是晚七時，朱卓文同志奉孫先生命召集海外回國効力同志開會，齊集時請孫先生出席。孫先生在席間將讓位經過及總統府結束移交留守府情形向各同志解釋，並謂伊本人定日內返粵或赴北京（當時袁世凱請孫先生負礦路總辦之責），隨詢各同志之志願，其中如余森郎同志等數位願意赴美留學，有數位同志願追隨孫先生返廣東或赴北京，余則願在留守府服務，即由朱卓文同志將各人志願臚列，送呈孫先生核閱，分別辦理。余●批，沒有特殊優待，由孫先生親身帶余往見黃興先生，將余志願說明。

黃興先生接受派余在留守府副官室辦公，隔了兩天調入秘書廳。初在副官室辦公時，因無一熟人，感覺困難，入秘書廳後，與徐秘書少秋結識後，頗稱快慰。徐秘書乃黃興夫人徐宗漢[28]及滬鉅商徐雨之[29]之侄，為人忠厚和藹，知余係屬歸國華僑，很念鄉誼，諸事得其指導極多。嗣由徐秘書介紹與徐宗漢女士相識。徐女士為人率直，與余一見如故，並囑公餘隨便到來談天，故余每晚都到黃公館觀書閱報，久而久之，頗為投契，如一家人。有一天晚上江西兵因鬧餉，在南洋勸業場一帶搗亂和搶劫。黃留守星夜得據報，叫醒府內文武官員應付。余自告奮勇，跑到海軍陸戰隊許鳳珊同志處率領隊員武裝準備，并與許同志兩人領隊，分東西兩線一齊發動攻擊。槍聲密如雨下，江西兵做賊心虛，又因天氣太黑，誤會以為我們大軍開到。其實我們共計僅得佰餘人，均屬步槍，未有其他犀利武器。斯時余年少膽壯，不知死字為何物，借用黃留守之馬，乘之出戰，被西面我們隊伍之槍射至東面，將余之大衣射穿，將馬射傷。東西兩隊陸戰隊將叛變搶劫之江西兵三佰餘人盡行繳械，解返留守府大堂。那時黃留守非常歡喜，對余與許同志十分敬重。余與許同志兩人每人得賞弍仟元，士兵每人得賞壹佰元。（查江西兵原已解散，有一小部份未有發清餉尾及繳械故發生誤會，致有此舉。）

註釋：

13 編者按，一九一一年。

14 鄭占南（一八八七—一九三七），又名觀梅，廣東中山人，華僑、商人。鄭占南少時隨父到美國。一九〇九年與人組織少年學社及創辦《少年報》。美洲同盟會成立後，曾奉派為三藩市中國同盟會主盟人。一九二二年孫中山討伐陳炯明時，鄭占南任籌餉專員。一九二八年後，先後任國民政府僑務委員會委員及國民大會美洲華僑代表選舉指導員。一九三七年逝世。

15 謝英伯（一八八二—一九三九），原名華國，字抱香，廣東梅縣人，報人、律師。年十七進香港皇仁書院，一九〇二年在廣州創辦《亞洲日報》。一九一〇年任《中國日報》第三任社長、香港中國同盟會會長。民國成立後曾參加二次革命，後入中華革命黨。歷任大本營參謀等職，曾在上海和廣州任律師。一九三九年逝世。

16 應夔丞（一八六三—一九一四），浙江鄞縣人，是行刺宋教仁的主兇。

17 黃大偉（一八八六—一九四四），字子蔭，號縠孫，湖北黃陂人，軍人。黃大偉是清朝秀才，曾在比利時習軍事。後加入同盟會。曾任廣州軍政府第二軍軍長等職，後投靠陳炯明，與孫中山決裂。四十年代初參與汪精衛的國民政府。一九四四年被刺身亡。

18 王雲五（一八八八—一九七九），原名之瑞，小名日祥，字岫廬，廣東中山人，著名出版人。王雲五生於上海，一八九八年在上海入私塾，後回廣東。十四歲在上海的五金店當學徒，仍半工半讀。後入守真書館及同文館等習英語，曾任私立中國新公學英文教師。辛亥革命後任南京臨時總統府秘書。歷任北京政府教育部主任秘書、蘇皖贛三省禁煙特派員等職。一九二一年被商務印書館聘為編譯所所長。一九二四年東方圖書館落成，以編譯所所長兼任館長，不久成功研發四角號碼檢字法。一九三〇年任商務印書館總經理和東方圖書館館長。歷任第四屆國民參政會參政員、行政院副院長、國民大會第一次會議主席團成員和行政院政務委員兼財政部部長。一九四九年往香港。一九五一年往台灣。一九六四年被選為台灣商務印書館董事長。晚年主編《四部叢刊初編縮本》等大型叢書。一九七八年在台北逝世。

19 徐紹楨（一八六一—一九三六）字固卿，廣東番禺人，清末、民初官員。徐紹楨一八九四年中舉人，歷任兩廣藩署幕僚、江蘇後補道員，後獲派到日本考察軍事。一九〇四年任兩江兵備處總辦，訓練新軍，江南第九鎮成立，任統制。一九一一年武昌起義後，帶領新軍攻打南京，被推為江浙聯軍總司令，擊敗清軍。一九一二年孫中山委任他為衛戍司令，一九一四年任參政院參政，後創立殖邊銀行。一九一七年七月，南下廣東參加護法運動。一九二三年任廣東省省長，一九二六年段祺瑞任為臨時參政院參政。晚年致力著述。一九三六年逝世於上海。

20 盧慕貞（一八六七—一九五二），廣東中山人，孫中山元配夫人。

21 孫科（一八九一—一九七三），字哲生，廣東中山人，為孫中山元配所出，孫中山長子，政治家、城市規劃專家。孫科幼年隨家人往夏威夷檀香山居住，加州大學柏克萊分校學士和哥倫比亞大學碩士。一九一七年任大元帥府秘書，曾任廣州市市長。孫科被當時人視為「太子派」的領袖。一九二六年在武漢政府任政務常務委員。一九二八年任國民政府委員。一九三二年任立法院院長。九一八事件後，孫科主張積極抗日和中蘇友好。戰後任行政院長，後渡美，一九六五年返台，一九六六年任考試院長。一九七三年在台灣逝世。

22 長女孫娫（一八九四—一九一三）和次女孫婉（一八九六—一九七九），為盧慕貞所出。

23 陳粹芬（一八七三—一九六〇），福建人。

24 程潛（一八八二—一九六八），字頌雲，湖南澧陵人，軍人、官員。程潛早年入湖南武備學堂，畢業後被保送往北京練兵處。一九〇六年留學日本，進日本陸軍士官學校第六期炮科，同年加入同盟會。一九一〇年畢業返國，當上四川第六鎮正參謀官。辛亥革命後任湘南都督府軍備司司長。一九一三年二次革命失敗後進早稻田大學。一九一八年加入中華革命黨。歷任大本營軍政部軍法裁判官、軍事委員會常務委員、第一戰區司令長官等職。一九四九年後曾任全國人大常務委員會副委員長、湖南省省長等職。一九六八年逝世於北京。

25 袁世凱（一八五九—一九一六），字慰亭，號容菴，河南項城人，政治家，晚清高級官員、中華民國總統。袁世凱早年失意於科舉，後從軍，曾駐朝鮮。一九〇一年任署理直隸總督兼北洋大臣。一九〇七年為軍機大臣。辛亥革命前夕因政爭退隱，但仍掌握北洋軍勢力。辛亥革命後獲起用，後迫清帝退位。後任中華民國總統。一九一五年欲復行帝制，引起全國激烈反對。一九一六年取消帝制，同年病逝。

26 唐紹儀（一八六二—一九三八），字少川，廣東中山人，晚清、民國高級官員，曾任郵傳部大臣和首任國務總理。唐紹儀出身富家，曾在香港皇仁書院求學，後為官費留美幼童，稍長進哥倫比亞大學，一八八一年回國。袁世凱賞識其才學，一九〇〇年唐紹儀升任天津海關道。一九〇四年以議約大臣身份與英國交涉西藏事務。一九一〇年為郵傳部大臣。一九一二年任國務總理，後辭職。曾組金星人壽保險公司，及擔任中山模範縣長，後為陳濟棠用計驅逐。一九三八年在上海家中被殺。

27 汪兆銘（一八八三—一九四四），字季新，號精衛，以號行，原籍浙江山陰，生於廣東三水，政治家、國民黨領袖、抗戰時期日人所扶植之國民政府主席。汪兆銘在日本進法政大學速成科，參加中國同盟會，在《民報》鼓吹推翻滿清的革命思想，開始為人所熟悉。一九一〇年在北京刺殺攝政王失敗，轟動一時。一九二五年，廣東國民政府成立，汪兆銘佔一重要位置。汪兆銘與蔣介石政治理念不同，關係時好時壞。九一八事變後，汪兆銘迫於時勢與蔣介石和解。汪兆銘在國民政府裏專注政治和軍事方面，而蔣介石則專注軍事。一九四〇年在日本支持下組織國民政府，任政府主席，一九四四年病逝於日本名古屋。重要著作有《雙照樓詩詞藁》等。

28 徐宗漢（一八七六—一九四四），原名佩萱，廣東中山人，黃興妻子。徐宗漢幼年在上海家塾讀書。一八九四年嫁李晉一為妻，數年後夫死。一九〇七年赴南洋，在檳榔加入中國同盟會。一九一一年與黃興結婚。一九四四年病逝於重慶。

29 徐潤（一八三八—一九一一），字潤立，號雨之，別號愚齋，廣東中山人，晚清富商、買辦。徐潤的叔伯均是洋行買辦。徐潤早年由伯父介紹進寶順洋行任學徒。入行後拜曾寄圃為師，學習經營茶葉。一八五九年他與曾寄圃合辦紹祥字號，為洋行招攬生意。徐潤在事業上一帆風順，後來更因協助朝廷轉運餉械，獲李鴻章賞識向清廷保奏加四品銜。李鴻章創辦上海輪船招商局，徐潤為會辦。一九一一年在上海病逝。

（六）

嗣余常接母親來書，催促回家，因念慈母，省親心切，遂辭職回中山原籍。承母親命，與黃善芳孫女，即黃鎔業之次女愛群[30]女士在邑中結婚。婚後在邑中辦學及倡建禮拜堂，充大環金巴崙小學義務校長及幹生書樓董事、廣昌學校校董等職。民國三年龍濟光[31]治粵，對黨人極為仇視，有一天半夜派兵到余住宅，欲將余拘捕，幸余機警，跑上瓦面，跳下鄰家躲避，方免於難，但已嚇得余家人倉惶失色。當搜尋時，幸余母親鎮靜，造詞適當，謂吾兒昨晚未有返家，已赴澳門轉往香港去了。兵士信以為真，搜查一番收隊離宅。余則星夜行路往澳轉香港。得王國璇之招呼，在恒利船務公司服務年餘。復得鄭幹生君、王國璇君之助，入利民興國織造有限公司充副總經理職，未幾調充上海分廠經理。

自經過那次脫險，余對黨及對教會工作更加努力。在滬時與歐彬[32]、鄺富灼[33]、梅華銓[34]、崔通約、馬祖星等教友倡建中華基督教會。常到環龍路四十四號林煥廷同志處及赴孫先生家協助辦理黨務。斯時在孫先生家內料理什務者有檀香山歸國華僑夏百子同志，為人忠厚，性情剛介。有江蘇省長程德全[35]欲買兇行刺孫先生，派人向夏百子同志疏通，求伊准兇手入內。

夏同志一時憤激，將來人毆打驅逐。翌日夏同志到余處向余述及此事經過。余即與夏同志兩人往謁孫先生，由余將夏同志所說者詳細報告。孫先生微笑答曰：「不必大驚小怪，此乃司空見慣之事，不足畏也。」余觀孫先生態度非常鎮靜，雖其膽量過人，但既有人有行刺孫先生之念，不可不事先防制，乃將此事告知林煥廷等同志。一方面囑咐夏同志留心門戶，勿為奸人所算。

民國五年，余調充香港利民興國織造有限公司總經理，得友人介紹與鄧三伯（即蔭南）[36]、吳東啟[37]來往甚密，合作黨務，故二次、三次革命不論在港在滬，余均參加奔走，負秘密及籌款工作。是年孫先生回粵就非常總統職[38]，經過香港，余往訪，着余同行，但余因生意關係，一時不能離香港，故仍擔任留港工作，直至民國十一年，為生意事，留港或留滬。

袁世凱稱帝，改為洪憲，加緊討袁工作[39]。孫先生蒙難時，謝持[40]同志偕同志十餘人由省奔走到港。余斯時充華洋織造公司總經理，兼榮業公司司庫、廣華醫院總理，即招呼謝同志等十餘人在店居住並供膳宿，設法籌款接濟孫先生。先由余招待，一切使用由余解囊。後租得銅鑼灣電器道即電燈公司對面之樓為秘密辦事處，一切傢俬什物由余出資佈置。

陳興漢等同志欲返滬，亦由余出資購船票送他們回去，一方面奔走籌款，派員解往永豐兵艦。是次籌款，以永安公司郭泉[41]、劉貢三、孫智興，華洋織造公司吳東啟、國民銀行王國璇、聯益建築公司林護[42]、西醫吳天保等最為踴躍捐輸。每日由余外出募集，按日將款繳交謝持同志交收。發回收據即由余轉回捐款者以清手續。有一次由李祿超[43]同志解款永豐艦，在港搭日船至黃埔埋街，適被佔住觀音山之陳炯明部隊發炮轟擊黃埔山頭。據李同志回港報告，此次幾乎遇險。伊當時由山腰滾下山腳，衣服損破，幸祇受微傷，尚無大碍云。

孫先生離永豐艦返滬後，約距十日左右，余接孫先生函，促赴滬，即乘船往謁，承孫先生面示機宜，着聯絡海員。查來往太平洋各大輪船船員多有俱樂部及館在港，聯絡比較在滬容易，因船抵香港灣泊日期較多，迅速推動海員工作。余在滬候乘天洋丸輪船回港，在船上並與通譯林潤生君接洽，得林君熱心幫助，請假留居香港，凡有輪船停泊，即向海員磋商辦法，聯絡一致，故有聯義社海外交通部之名稱，由此而來也。自與海員聯絡妥善後，推動圓滑迅速，曾表現出許多工作如在輪船上行刺某某軍官及暗運各項物品等，其著者也。

余當時與蘇漢醒同志（即蘇從山）租一小屋於九龍城尾陳賡虞[44]花園之小梅村附近，專製造炸彈運上廣州。得內河船海員之幫助，以圖推倒陳家軍，擾亂廣州治安。每次製出之炸彈，先購買上海皮蛋數缸，用水將缸口紗紙封皮揭開，安置炸彈五、六枚於缸底，上蓋皮蛋，以掩軍警檢查。每寄皮蛋十缸上省，內有兩缸或三缸藏有炸彈於其間，於缸身書有暗號。省方收貨後，檢查有炸彈者拆開零賣。在民國十一年舊曆八月十五日中秋節那天晚上付寄皮蛋十二缸上省，落貨咕喱因為做節多飲幾杯，有些酒意，誤將有暗記之皮蛋一缸，不慎在香港干諾道中省港輪船碼頭打破。幸余與蘇漢醒同志兩人站立碼頭照料。其中有一位查煙的差人，也是我們的同志，略知我們之做作，即協助將缸反轉，缸底向天，揀出炸彈投入海中，消息幸未被洩漏。

一月之內，運達廣州之炸彈先後計有百餘枚。蘇漢醒同志赴廣州佈置，余在香港照應。舊曆重陽節晚在廣州市吉祥路第一公園附近，先後爆炸十餘響。協助我們之工作各同志，行動十分嚴密。結果警察與偵緝均不能查獲。我們所製之炸彈，係用舊式製法，用生鐵鑄殼，配藥入內，白藥由余購回，交給蘇同志配劑。蘇同志乃香港大道中安寧葯房葯劑師，對於葯力效能及配合頗有經驗。在小屋入藥時，均在月亮之晚間行之，不用燈光。一則避免附近人家知悉，再則免被火燄發生危險。屋內祗我們兩人工作，說話行動均極靜肅也。

舊曆十月中旬，余曾上廣州一次，住西濠酒店，改名換姓，卒被陳軍偵探員獲悉，將余監禁房內，即報告偵探長。幸該偵探長與余相識。因余當時充華洋織造公司總經理，兼任香安保險公司董事、恒利船務公司董事、榮業置業公司司庫、同德置業公司司庫等職，財雄勢大之時。與偵探長之叔為股友，平時在香港，與伊家族很有往來，他家人多信基督教者。探長據探員報告後，他曰，此乃嫌疑案，並無實據等語將余開脫，並星夜送余赴西濠口大新公司對面之日船，在船上開一房間招待，由他給管房侍應票值，派員在碼頭監視。等待翌晨八時船開後，余遙望探員收隊而去，無形中恐余再到擾亂，將余遣去免生惡感。隔了半月偵探長來香港，余在途中與他相遇，據稱他的探員報告，證實重陽節晚之爆炸案係由余主使無疑，着暫勿再來省，免令本人難做等語。余聆●之餘，認為又脫了一回危險。

註釋：

30 黃愛群（一八九四—一九七五），廣東中山人，王棠妻子。

31 龍濟光（一八六七—一九二五），字子誠，雲南蒙自人，晚清軍人、民國軍閥。龍濟光少時習武，在蒙自、廣東等地辦團練，又曾任土司。一九〇三年，任邊防軍濟字營統領，同年升任廣西省左江道尹。辛亥革命後，龍濟光為高廉雷瓊宣撫使。龍濟光曾支持袁世凱。帝制議起，龍濟光被封一等公爵位加封郡王銜，後被護法軍擊敗，逃到北京，軍事力量日漸薄弱。一九二五年逝世於北京。

32 歐彬是先施公司經理及上海基督教青年會董事部成員。

33 鄺富灼（一八六九—一九三八），字耀西，號敬西，廣東台山人，著名學者和編輯。鄺富灼在一八八〇年赴美謀生。一八八一年抵三藩市，擔任傭工，進夜校。一八八五年入基督教救世軍，到太平洋沿岸各埠傳教。鄺富灼為加利福尼亞州立大學學士、哥倫比亞大學碩士。一九〇六年返國，曾任兩廣高等學堂英文教員。一九〇七年清政府賜文科進士。一九〇八年任上海商務印書館編譯所英文部總編輯。歷任上海青年會董事和私立上海中國公學教務長等職。一九三八年逝世於上海。

34 梅華銓是律師及上海基督教青年會董事部成員。

35 程德全（一八六〇—一九三〇），字雪樓，號本良，法名寂照，四川雲陽人。晚清、民國時期官僚，晚年出家。一九三〇年病逝於上海。

36 鄧蔭南（一八四六—一九二三），名松盛，字蔭南，以排行三，故又稱鄧三，廣東開平人，革命元勳。鄧蔭南年輕時赴檀香山經營商業和農業。一八九四年認識孫中山，加入同盟會，次年返國，抵香港，設革命機關，曾參與廣州起義，失敗後逃往澳門，以後多次參與起義。一九一一年，武昌起義後在廣東新安聚眾響應。後先後參與討袁和護法等運動。一九二一年任開平縣縣長等職。一九二二年資助孫中山討伐陳炯明。一九二三年逝世。一九二九年國民政府追贈陸軍上將。

37 吳東啟（一八五九—一九三五），字懋湘，一字蓮舫，廣東開平人，香港富商。少家貧，年十八赴美國謀生，稍後在加州洛杉磯經營農場種植馬鈴薯致富，同時支持孫中山的革命事業。一九〇八年回國營商，仍以支持革命為己任。後獲頭等一級勳章。一九二三年孫中山委任他為中央財政委員。他是利民興國織造有限公司的創辦人。一九三五年七月逝世於香港。

38 編者按，原文如此。孫中山在一九二一年任非常大總統。是年應指一九二一年。

39 編者按，原文如此，時序有誤，與下文沒有關連。

40 謝持（一八七六—一九三九），名持，字慧生，四川富順人，革命元勳。謝持一八九九年中秀才，入匯陽書院，補博士弟子員。一九〇二年至成都任警察學堂體操教官。一九〇七年加入中國同盟會。武昌起義後任蜀軍都督府總務處處長。一九一四年加入中華革命黨。歷任總統府秘書長、國民政府委員等職。曾與鄒澤如等發起西山會議。謝持是反蔣的。一九三九逝世於成都。

41 郭泉（一八七七—一九六六），字鳳輝，廣東中山人，香港富商，百貨業鉅子。早年隨同鄉到澳洲工作。一八九七年在當地與人創辦永安菓欄，兼營匯款。郭泉後在香港開設永安百貨公司，一九一七年拓展至上海，另又經營永安人壽保險有限公司等。郭泉曾任保良局總理等。他是基督教徒，一九六六年在香港逝世。

42 林護（一八七一—一九三三），字葆彝，廣東新會人，香港著名建築商人，基督教徒。

43 李祿超（一八八八—一九八四），廣東中山人，曾在美國留學和居住，後加入同盟會。曾任廣州大元帥府秘書和廣東省政府委員等職。五十年代初到外國居住，一九八四年返廣州，同年逝世。

44 陳賡虞是香港富商。

（七）

余經過爆炸廣州和偵探查出余抵省進行工作之後，赴滬向孫先生報告情形，孫先生很歡欣的説，據接其他方面報告，認為我們這次工作做得很好，讚揚一番，並云你需要快些回香港負責籌餉，兼聽候消息及來函、來電幹秘密工作，現時一切軍事，均準備好了，正在籌劃反攻中。余奉命將與滬商接洽，生意都放下不幹，趕程返香港免誤戎機。

未幾大軍果然入粵，趕走陳家軍，各軍奉命均皆發動。滇桂軍先進，沿西江東下。湘贛軍由粵漢鐵路經北江南下。豫軍則間關遠道馳至與入粵各軍分途響應，高舉義旗，一致聲討，陳軍遂倒。若將各軍分佈駐防地方，臚列如次。滇軍由楊希閔[45]統率，分駐城西，黃沙、西村、石井、粵漢鐵路之南，通廣三路石圍塘、芳村一帶，總司令部設農林試驗場。桂軍由劉震寰[46]統率，分駐城東北郊，沙河、白雲山、瘦狗嶺、龍眼洞、燕塘一帶，總司令部設大沙頭。湘軍由譚延闓[47]統率，分駐粵漢路之北，韶關、樂昌、坪石一帶，總司令部設高第街。贛軍則駐韶東、始興、仁化、南雄、梅嶺一帶。粵軍由許崇智[48]統率，分駐翁源、增城、博羅，橫達東江而通廣九路，總司令部設東較場舊諮議局。福軍由李福林[49]統率，分駐河南、新塘、新造、新洲、羅江、康樂等地，總軍部設河南海幢寺。其他雜軍則分駐長州、黃埔、虎門、太平等地。

孫先生由滬抵香港時，住羅便臣道楊西巖[50]同志家，各界及各軍司令紛紛派代表來港至楊家訪問。時楊西巖同志適抱病卧床，派陳興漢、楊仙逸[51]、楊必達負責接待。黃惠龍、李榮、區玉負責侍從。余負責對外聯絡。香港政府派警察輪流在門前守衛保護。

民國十二年舊曆正月初一日下午，孫先生與余商量，邀余一齊赴省勷助各事，並飭籌借現款港幣四、五十萬元帶省，以備支銷。余斯時身兼數職，恐一時不能遽離。余對孫先生曰，現金可代借貸，本人難去。孫先生答曰，我可徵求吳東啟同志代你料理各生意，你大可放心等詞。孫先生一面派人找尋吳東啟同志商量，余則向各公司及各商店搜羅現款，是日乃舊曆元旦，商店銀行均皆休息，存現款不多。幸藉孫先生之鴻福，在三句鐘之內四處張羅，結果尚幸達到孫先生交帶預期數目，即晚九時向孫先生報告集款成績，孫先生欣然答曰：「你可回去休息，明晨八時攜帶現款搭香山日船同齊上省。」

船行至半途，孫先生邀余入房面談款項如何支配，并着黃惠龍同志分發各同來者徽章，俾資識別，談畢即出客廳（即大餐廳）稍坐繼續開餐，同席四人，余佔其一。下午一時許，船經三支香地方，因水小擱淺，累阻十分鐘。三時船抵廣州市，泊碼頭時，軍樂悠揚，歡迎者人山人海，西濠口一帶水洩不通，各界站滿兩傍，旗幟飄揚，五光十色，歡聲載道，震於耳鼓。南海縣長李寶祥則穿西裝大禮服站在碼頭之內，將歡迎及佈置情形報告。西濠口天字碼頭、太平路、惠福路均搭有歡迎牌樓。孫先生上岸時身穿咖啡色西裝中山裝黑皮鞋頭帶毡帽，手拿鞭竿，登岸與各界握手後，即登車赴招待處稍息，復驅車至農林試驗場，由楊希閔佈置為辦公地點，與各軍總司令接洽，即晚赴楊希閔之宴，由楊希閔負責保護。

翌日用大元帥名義發表，特任楊庶堪[52]為大元帥府秘書長、機要秘書蔣中正[53]、蕭萱[54]、秘書連聲海、林直勉[55]、徐蘇中、黃昌穀、楊熙績、英文秘書郭泰祺[56]、法文秘書韋玉、德文秘書朱和中[57]、日文秘書陳群[58]、俄文秘書陳友仁[59]、監印秘書李祿超等。參軍處特任朱培德[60]為大元帥府參軍長，後張開儒、機要參軍胡毅生[61]、參軍路孝忱、趙超、錢大鈞[62]、周應時[63]、楊虎[64]、何克夫[65]、徐維揚[66]、林樹巍、李朗如[67]。副官鄧彥華[68]、黎工佽、吳嶋、黃夢熊、王文翰、伍慎修、賓鎮遠、蕭魯生。侍衛副官霍恒（即西人坤）、黃惠龍、馬湘[69]、陳俠夫。衛士隊隊長初盧振柳，後調充別職，由姚觀順[70]繼任，統率衛士六十餘人。江門大元帥府後方辦事處主任古應芬[71]，助理李仙根[72]等。特任胡漢民[73]為文官處處長。顧問及參議柏文蔚[74]、蔣尊簋[75]、陳少白[76]、蔣作賓[77]、那文（美國人）、謝持、汪兆銘、馬素等負責代表孫先生聯絡張作霖[78]、段祺瑞[79]、盧永祥[80]等工作。派王棠為大元帥府會計司司長，派陳興漢為大元帥府庶務司司長。後陳興漢調充粵漢鐵路管理，將庶務司改科，委鄭校之為庶務科科長，歸會計司直轄。偵緝李天德、趙植芝、蕭桂、李榮等。游擊司令李安邦、黃明堂、徐樹榮等。大元帥府設六部，特任葉恭綽[81]為財政部部長，鄭洪年[82]為次長；特任伍朝樞[83]為外交部部長，郭泰祺為次長；特任林森[84]為建設部部長，李卓峰為次長；特任居正[85]為內政部部長，後徐紹楨；特任程潛為軍政部部長；特任蕭佛成[86]為海外部部長；特任李烈鈞[87]為參謀處參謀長，高級參謀俞毓西等。江防司令陳策[88]、虎門要塞司令陳慶雲[89]、航空局局長先朱卓文，後楊仙逸，再後張惠長[90]。飛行人員即飛機師黃光銳[91]、黃秉衡、林偉成、胡漢賢等。大元帥府設軍總監，先特任蔣尊簋，後特任王棠。大元帥設兵站總監特任羅翼群[92]、魚雷局局長謝鐵良、長洲要塞司令蘇從山。

孫夫人宋慶齡[93]女士未由上海到廣州以前，孫先生只用什役（即後生）一名，名叫阿鴻，料理室內工作，孫夫人到後，加用女使喚一人、廚房一人，初孫桂，後區玉，歸庶務司管理，每餐發給餸菜一元，生果另計。孫先生最喜歡食魚，飯後必食生果，以金山橙及萍果為最合，每晨必食燉甜燕窩一小碗，一切用度十分儉樸，若多買餸菜，便不滿意。

聯俄容共後，大元帥府增設二部，工人部長廖仲愷[94]、婦女部長何香凝[95]。大理院院長先特任徐謙[96]，後任趙士北[97]。石井兵工廠廠長朱和中，後馬超俊[98]，再後黃騷[99]。無線電局局長馮偉[100]。電燈局局長謝作楷。大元帥府設中央財政委員會，派王棠、葉蘭泉[101]、蔡昌[102]、蔡興[103]、吳東啟、王國璇、林護、楊西巖、伍學熀、何世光、黃廣田[104]、郭泉、梁季典[105]、林警魂、余斌臣[106]為委員，指定王棠為負責召集人，李澧川為秘書。以上許多均屬港商，因當時籌款，有賴於港商幫忙。警衛軍方面，師長吳鐵城[107]，旅長、團長則為歐陽駒[108]、鄧彥華、李章達[109]、司徒非等。滇軍方面人物，總司令楊希閔兼第一軍軍長，所轄三師，師長廖行超[110]、楊如軒、趙成樑。第二軍軍長蔣光亮。第三軍長范石生[111]，旅長寸盛奇。桂軍方面人物，總司令劉震寰，軍長沈鴻英，師長伍毓瑞兼參謀長。另一獨立第七軍軍長劉玉山，師長陳天太等。湘軍方面人物，總司令譚延闓，所轄四軍，軍長謝國光、劉建緒、魯滌平[112]、陳家祐，參謀長岳森，製彈廠廠長王棠兼，參議張國元等。贛軍方面人物，總司令李烈鈞，軍長朱培德兼，師長盧師諦、李明揚[113]等。豫軍方面人物，總司令樊鍾秀。粵軍方面人物，總司令許崇智，參謀長蔣中正，師旅長何成濬[114]、王懋功、黃大偉、許濟、張國禎、馮秩裴、魏邦平[115]、鄭潤琦、關國雄等。福軍軍長李福林，師旅長李芳、李雍、李群、潘枝，總參議謝建誠，參謀長練沃文等。大元帥府軍樂隊呂定國，率有隊員約六十人。廣東財政廳廳長先鄒魯[116]，後楊西巖、梅光培、鄭洪年、陳其瑗[117]、王棠、古應芬。民政廳廳長先劉維熾，後陳樹人[118]。教育廳廳長先許崇清[119]，後金曾澄[120]。建設廳廳長先林雲陔[121]，後改設農工廳，廳長馬超俊。兩廣鹽運使先伍學熀，後鄧澤如[122]。粵海關監督先李錦綸[123]，後傅秉常[124]。梧州關監督戴恩賽[125]。鹽務稽核分所所長宋子文[126]，後伍汝康。廣東沙田清理處處長林直勉。官產處處長梅光培。粵漢鐵路局局長先陳興漢，後王棠，再後林直勉，副局長張少棠。總務課長譚伯璣，段長利樹幹等。廣三鐵路局局長蔣光亮兼。廣九鐵路局局長先溫法璋，後王棠兼。航政局局長吳尚鷹[127]，後趙植之。廣東革命紀念會由謝英伯、鄧澤如、胡毅生、黃隆生、林直勉、徐維揚、鄧慕韓等主持之。電話所所長黃建勳。廣州市政府市長先孫科，後李福林，再後伍朝樞。市府設六局，財政局局長先黃芸蘇[128]，後陳其瑗、王棠、李祿超。工務局局長先林逸民，後莫競菴。公用局局長先程天固[129]，後姚觀順。教育局局長陸幼剛，後王仁康。衛生局局長先伍榜，後司徒朝。公安局局長先吳鐵城，後李朗如，再後歐陽駒。市立醫院院長李卓才等。

註釋：

45 楊希閔（一八八六—一九六七），字紹基，雲南賓川人，滇軍領袖。幼年在塾就學，一九〇九年入雲南講武堂，一九一二年入江西講武堂，曾跟隨雲南軍閥顧品珍，後自立門戶。孫中山治理廣州時乏於兵力，楊希閔遂以客軍領袖身份進駐廣州和三水等地，開賭和經營鴉片，軍紀敗壞。一九二四年楊希閔等謀叛，最後被擊敗，楊希閔下野往香港，再遷浙江紹興。抗戰時至一九四九年與家人隱居昆明，一九六七年在昆明逝世。

46 劉震寰（一八九〇—一九七二），原名瑞廷，字顯臣，廣西馬平人，廣西地方軍人。劉震寰一九〇九年入廣西優級師範學堂。一九一一年加入中國同盟會，武昌起義後，在柳州響應。一九二二年，被廣州大本營委為桂軍第二路總司令。一九二五年與楊希閔聯合，背叛廣東革命政府，失敗後往香港。一九三七年抗日戰爭爆發，經龍雲推薦，掛名為國防委員會委員，又任昆明中蘇友協分會會長。和平後赴香港定居，一九七二年在香港逝世。

47 譚延闓（一八八〇—一九三〇），字組庵，湖南茶陵人，政治家、書法家。譚延闓為晚清進士，早年支持立憲，後支持革命，入民國後歷任廣州大元帥府內政部長、國民政府主席、行政院長等職。一九三〇年在南京逝世。

48 許崇智（一八八七—一九六五），字汝為，廣東番禺人，廣東地方軍人。許崇智生於官僚家庭，但三歲喪母，八歲喪父，由叔伯嬸母養大。十四歲入馬尾船政學堂，後入日本陸軍士官學校，第二期畢業，與日佔時期香港總督磯谷廉介為同學。一九〇六年加入中國同盟會，回國後至福建武備學堂任教習。辛亥革命後在福州指揮起義軍。許崇智曾參與討袁和討陳炯明等戰役。一九二五年廖仲愷被行刺，許崇智受牽連，被迫出走。一九三九年定居香港，日佔時代曾被俘，一九四四年往澳門。一九六五年在香港逝世。

49 李福林（一八七二—一九五二），名兆同，廣東番禺人，廣東地方軍人。李福林幼年父母雙亡，兄弟眾多，曾在廣州黃埔水師堂當號兵，後為綠林，一九〇七年赴越南河內謁孫中山，後加入同盟會，曾參與鎮南關起義、庚戌廣州新軍之役、三廿九之役。武昌起義後，李福林與陸灦清等率眾三萬在三水和甘竹等地擊敗清軍。廣州光復後，部隊被改編為福軍。一九二〇年參與驅逐桂軍。一九二二年任廣東全省警備處處長兼民團統率處督辦。一九二六年任國民軍第五軍軍長，參與北伐。一九二八年往香港，在新界大埔康樂園一帶居住。曾獲青天白日勳章。一九五二年在香港逝世。

50 楊西巖（一八六八—一九二九），原名蔚杉，廣東新會人，香港商人。楊西巖是清附生，後赴香港讀書。隨伍廷芳入京，得伍廷芳推薦在總理各國事務衙門，後以捐納而得浙江試用同知。一八九六年，隨駐美公使伍廷芳赴美，充使館參贊。一八九八年改任駐檀香山領事官。任滿後返國，赴香港，透過陳少白之介入同盟會。楊西巖在香港改行經商。一九〇九年與馮平山等組織香港新會公所，又曾任廣東諮議局議員。一九一一年武昌起義後被舉為廣州籌餉局主席。一九二〇年任廣州政府財政委員會委員長。一九二二年任財政部印花處處長。一九二三年後先後任廣東省財政廳廳長、禁煙督辦等職。一九二九年逝世。

51 楊仙逸（一八九一—一九二三），字學華，號鐵庵，廣東中山人，中國第一代飛行員。楊仙逸父親為夏威夷檀香山富商。楊仙逸生於檀香山，在夏威夷和美國接受教育。他在夏威夷加入中國同盟會，後返國追隨孫中山。一九一六年赴美學習飛行。一九一七年畢業後組國民黨飛行隊，任革命空軍隊長。一九一九年，在福建漳州組織飛機隊，任總指揮。一九二〇年參與反莫榮新戰役。一九二二年任大本營航空局局長。一九二三年在惠州因水雷爆炸意外身亡。

52 楊庶堪（一八八一—一九四二），字滄白，號邠齋，四川巴縣人，政治家。楊庶堪是清末秀才，後入重慶譯學會學習英文，科舉停辦後，到成都高等學堂分設中學擔任英文教員，英文造詣相當精湛。一九〇五年加入同盟會。一九一〇年任重慶中學堂監督，後來成為四川保路同志會的中堅分子。一九一一年武昌起義，策動重慶及川東各縣獨立，出任四川省民政長。後赴日本，加入中華革命黨。一九一七年廣東護法軍政府任命為四川宣撫使。一九一八年被推為四川省長。一九二三年任廣東省長。一九二四年任北京政府農商部總長。以後歷任國民政府委員、陪都建設委員會副主任。一九四二年病逝於重慶。著作有《天隱閣詩集》和《邠齋文存》等。

53 蔣介石（Chiang Kai-shek，一八八七—一九七五），名中正，字介石，浙江奉化人，中華民國領袖。蔣介石一九〇六年進保定軍官學校。一九〇七年進日本陸軍士官學校。留學期間加入中國同盟會，後在日本加入高田騎兵聯隊，中途退學返上海跟隨陳其美參加革命活動。一九二一年曾在上海證券物品交易所當買賣仲介人。一九二三年後歷任廣東大本營參謀長、黃埔軍校校長等職。一九二五年孫中山逝世，國民黨左右兩派內鬥激化，蔣介石與汪精衛競逐國民黨的領導權，蔣介石佔了優勢。一九二六年蔣介石任國民革命軍總司令，發動北伐；一九二七年正式清黨，建立南京國民政府。蔣介石以軍事活動為第一要務，先與各軍閥交戰，再發動五次圍剿。一九三六年在西安事變中被俘。一九三七年至一九四五年間的八年抗戰，蔣介石帶領全國人民迎戰。在隨後的國共內戰，國軍敗象已呈，一九四九年國民政府遷台，抵台後蔣介石仍保有絕對領導權。一九七五在台灣逝世。

54 蕭萱（一八八五—？），字紉秋，湖北鄖縣人，民國官員。

55 林直勉（一八八七—一九三四），原名培長，字紹軒，號魯直，廣東東莞人，民國廣東官員。

56 郭泰祺（一八八九—一九五二），字保元，號復初，湖北廣濟人，民國著名外交官。一九〇四年官費赴美留學，進賓夕法尼亞大學，研究政治學，一九一一年畢業。一九一二年春返國，任黎元洪副總統秘書，一九一六年黎元洪任大總統，郭泰祺為大總統英文秘書長兼外交部參事。一九一七年南下，加入孫中山廣東的護法政府。外交部次長，一九一九年至一九二〇年為巴黎和會中國代表。後曾任廣州軍政府外交部次長、國民政府外交部次長、駐英全權大使、外交部部長、國民政府常駐聯合國代表等職。一九五二年在美國逝世。

57 朱和中（一八八一—一九四〇），字子英，湖北建始人，政治家。早年補博士弟子員，曾入湖北武備學堂習軍事，後留學德國，支持孫中山的革命活動。一九一一年，朱和中在德國與禮和、捷成兩洋行交涉，成功將清廷所訂購軍火轉交革命軍。一九一二年返國，任南京臨時政府參謀部第二局局長。一九一七年加入中華革命黨。一九二三年任大本營高級參謀及大本營秘書。一九三〇年後任立法院立法委員等職。一九四〇年病逝於四川重慶北碚。

58 陳群（一八九〇—一九四五），字人鶴，福建閩侯人，民國官員、律師。陳群曾在日本明治大學和東洋大學留學。一九一七年回國。一九二一年加入廣東政府。三十年代曾在上海當律師。歷任黃埔軍校第四期政治教官、汪精衛國民政府內政部長等職。一九四五年八月日本戰敗後畏罪自殺。

59 陳友仁（Eugene Chen，一八七八—一九四四），廣東華僑後裔，生於千里達，近代著名政治家，曾任外交部長。陳友仁早年畢業於西班牙港聖瑪麗學院，任律師。辛亥革命後經倫敦到中國，任北京政府外交部顧問，後創辦英文報《京報》，任總編輯，一九一六年因政論繫獄。一九一七年獲釋，赴上海投入孫中山陣營。一九一九年巴黎和會廣東政府代表。一九二三年任廣東軍政府外交顧問。一九二六年任外交部長。陳友仁收回漢口英租界和九江英租界。陳友仁在北伐時期是國民黨左派，在一九三四年曾參與福建人民革命政府，失敗後赴香港。一九四二年返上海，為日軍所拘留。一九四四年病逝於上海。

60 朱培德（一八八八—一九三七），字益之，雲南鹽興人，軍人。朱培德早年加入同盟會，一九一一年參加辛亥革命，曾任西征軍第二師副官。一九一七年參加護法之役。歷任中央軍校校務委員會委員、國民革命軍第三軍軍長、軍訓總監部總監。一九三七年逝世。

61 胡毅生（一八八三—一九五七），名毅，字毅生，以字行，革命元勳，胡漢民堂弟。胡毅生十九歲考入兩廣大學堂，後赴日留學，回國後參與革命活動。一九一一年十月廣東光復，任軍務處處長。一九一四年加入中華革命黨。一九二二年任大本營糧食處處長。一九二五年因涉行刺廖仲愷案，逃往香港。一九四八年任總統府顧問。一九五七年逝世於台北。

62 錢大鈞（一八九三—一九八二），字慕尹，江蘇吳縣人，軍人、蔣介石親信。錢大鈞一九一四年赴日，進大森浩然學社，一九一九年畢業於日本陸軍士官學校。返國後參加組建黃埔軍校，任教官。歷任淞滬警備司令、軍事委員會侍從官主任等職。一九四九年赴台，曾任軍事法庭裁判長等職。一九八二年逝世於台北。

63 周應時（一八八四—一九三〇），字之篁，號哲謀，江蘇啟東人，軍人。

64 楊虎（一八八八—一九六六），字嘯天，安徽寧國人，軍人。楊虎畢業於南京將辦學堂，辛亥革命後參加光復南京戰役，後曾參與二次革命，一九一三年後曾任孫中山秘書。一九一七年南下廣州任護法軍政府軍事委員。歷任廣東大總統府參軍、上海警備司令、淞滬警備司令等職。一九六六年逝世。

65 何克夫（一八七九—一九四九），字小圓，廣東連州人，軍人。

66 徐維揚（一八八七—一九五二），廣東花縣人，軍人。

67 李朗如（一八八九—一九六三），字澄秋，廣東南海人，廣州商人、官員。李朗如生於藥商家庭，早年先後就讀廣東陸軍小學、湖北陸軍中學、保定軍官學校，後赴日本，進日本陸軍士官學校，後加入同盟會。後曾參加廣州密謀炸殺清水師提督李準。辛亥革命後，李朗如歷任江門警察局長、廣州市公安局局長、廣九鐵路局局長等職。抗戰時曾經營實業。一九四九年任廣東省人民政府委員，後歷任廣州市副市長等職。一九六三年逝世。

68 鄧彥華（一八九三—一九四二），字鑄雄，廣東三水人。早年追隨朱執信從事革命。

69 馬湘（一八八九—一九七三），原名天相，字吉堂，號修鈿，廣東台山人，孫中山的衛士之一。十五歲到墨西哥和美洲等地謀生，在美國加入洪門致公堂習武，一九〇九年加入同盟會。長期任孫中山衛士，一九二四年隨孫中山上京。一九二七年任國民政府高級副官，後任國民政府總理陵園管理委員會警衛處處長。一九四九年後去香港，後定居廣州。一九七三年在香港逝世。

70 姚觀順（一八八七—一九五二），字頤奄，廣東中山人，華僑、孫中山的衛士之一。

71 古應芬（一八七三—一九三一），字勷勤或湘芹，廣東番禺人，官員。古應芬生於商人家庭，一九〇二年考中秀才。一九〇四年獲選派到日本東京法政大學速成科。一九〇五年加入同盟會。一九〇七年從專門部畢業回國，任教於廣東法政學堂，同時參與革命活動。辛亥革命後，古應芬曾任核計院院長等職。一九一三年參與反袁。一九二〇年後歷任廣東省政務廳長、文官長、中央監察委員等職。一九三一年在廣州因牙患觸發惡疾而亡。

72 李仙根（一八九三—一九四三），原名蟠，廣東中山人，廣東官員。李仙根一九一四年留學日本，一九一七年回國成婚，曾任孫中山行營秘書、侍從秘書，直至孫中山逝世。後曾兩任中山縣縣長、西南政務委員會等職。一九三八年和一九四〇年為國民參政會參政員。一九四三年在重慶逝世。

73 胡漢民（一八七九—一九三六），字展堂，原名衍鸛，後改名衍鴻，號不匱室主人，廣東番禺人，國民黨領袖。胡漢民一九〇二年赴日本入讀東京弘文學院師範科，一九〇六年再赴日，入東京法政大學速成科，畢業後入專門部。一九〇七年加入中國同盟會，以後多次參與起義。一九一一年廣東光復，任都督。二次革命失敗後逃往日本。一九一七年任廣州護法軍政府交通部總長。歷任廣東省省長、代理軍政府大元帥等，一九二五年九月因涉廖仲愷被行刺案，以赴蘇聯考察名義離開廣東。一九二八年任考試院院長。一九三一年二月被蔣介石軟禁於南京湯山，釋放後居香港，後赴歐洲。一九三六在廣州逝世。

74 柏文蔚（一八七六—一九四七），字烈武，安徽鳳陽人，著名軍人。柏文蔚一八九七年考獲秀才，後入安徽武備學堂。一九〇六年加入同盟會。柏文蔚在晚清歷任奉天督練公所參謀處二等參謀等職。一九一二年曾任安徽都督。柏文蔚曾參與二次革命，失敗後赴日本，一九一四年加入中華革命黨。歷任長江上游招討使、安徽省政府委員、國民政府委員等職。一九四七年在上海逝世。

75 蔣尊簋（一八八二—一九三一），字伯器，浙江諸暨人，軍人。蔣尊簋一九〇〇年赴日留學，入成城學校。一九〇四年畢業於日本陸軍士官學校騎兵科。一九〇五年加入同盟會。晚清時歷任廣西參謀處等職。民國建立後曾參與討袁。歷任浙閩宣撫使和全國道路協會副會長等職。一九三一年逝世。

76 陳少白（一八六九—一九三四），原名聞韶，又名白，號夔石，後號少白，廣東新會人，孫中山早期的革命夥伴。一八八八年，陳少白入廣州格致書院。一八九〇年，赴香港華人西醫書院。與孫中山、尤烈、楊鶴齡被人稱為「四大寇」。一八九五年加入興中會，及參加廣州第一次起義，失敗後流亡日本。一八九七年赴台，設立台北興中會。一九〇〇年，在香港主編《中國日報》，協助孫中山發動惠州起義。一九〇五年，任香港中國同盟會會長。一九一一年，廣東光復，短暫擔任廣州都督府外交司司長，後自營商業，創立廣東航運公司。一九二一年任孫中山總統府顧問。一九三〇年任國民黨中央黨部革命債務委員會委員等職。一九三四年逝世。

77 蔣作賓（一八八四—一九四二），字雨岩，湖北應城人，著名軍人、政治家。蔣作賓十五歲考獲秀才資格。一九〇二年入武昌文普通中學堂。一九〇五年赴日本留學，入東京成城學校，同年加入中國同盟會。一九〇八年從日本陸軍士官學校第四期步兵科畢業。一九一一年為軍衡司司長。武昌起義時協助革命軍。一九一二年任南京臨時政府陸軍次長。一九一五年袁世凱稱帝，蔣作賓託病辭去職務。一九一六年袁世凱死後，任參謀本部次長。一九二二年奉孫中山命，聯絡江浙和京津一帶的勢力。一九二八年後先後擔任駐日公使、首任駐日大使、安徽省政府會員兼主席等職。一九四二年病逝。一九四三年國民政府追加陸軍上將。

78 張作霖（一八七五—一九二八），字雨亭，遼寧海城人，奉系軍閥領袖。張作霖早年為馬賊，一九〇二年歸順清政府，清末開始坐大。一九一六年任奉天省督軍兼省長。一九一八年任東三省巡閱使，確立奉天系的力量。張作霖二度參與奉直戰爭。他在二十年代中與日本關係日漸惡化。一九二八年在皇姑屯被關東軍炸死。

79 段祺瑞（一八六五—一九三六），字芝泉，安徽合肥人，北洋時期政治領袖、皖系軍閥領袖。段祺瑞曾在德國留學，習軍事，回國後加入袁世凱的軍隊，後來成為北洋軍閥的實力派。民國成立後，段祺瑞任陸軍總長，袁世凱死後任國務院總理，掌握政治實權。一九二〇年直皖戰爭爆發，皖系戰敗，段祺瑞政治力量大減。一九二七年退隱天津租界。一九三六年在上海租界病逝。

80 盧永祥（一八六七—一九三三），字子嘉，山東濟陽人，民國軍閥。盧永祥一八八七年入武備學堂，一八九一年畢業，留校任助教。一九〇四年任第一鎮二協三標標統。一九〇九年任北洋第三鎮第五協協統。民國以後歷任淞滬護軍使、浙江督軍等職。江浙戰爭失敗後在日短暫停留。一九二五年赴天津。一九三二年為國難會議議員。一九三三年在天津逝世。

81 葉恭綽（一八八一—一九六八），字譽虎，號遐庵，廣東番禺人，交通系要人、晚清民國時期高級官員、著名文人、收藏家。葉恭綽生於北京，清廩貢生，二十一歲進京師大學堂，後為學堂教習。得梁士詒引薦入郵傳部，一九〇八年累升至蘆漢鐵路督辦。辛亥革命時任內閣議和處參議。民國初年任交通部路政司長及交通銀行總理等職，後歷任廣州大本營財政部部長、北京政府交通總長等職。一九二九年與朱啟鈐創辦中國營造學社。一九三九年在香港組織中國文化協進會。香港淪陷時赴上海。後再赴香港。建國後回到北京。一九六八年在北京逝世。重要作品有《遐庵彙稿》等。

82 鄭洪年（一八七六—一九五八），字韶覺，號群庵，廣東番禺人，教育家、民國官員。鄭洪年早年師從康有為，畢業於兩江法政學堂。一九〇六年任南京暨南學堂庶務長。後認識孫中山，加入中國同盟會。民國成立後歷任京漢鐵路局局長、交通部次長等職。一九二四年任大本營籌餉局總局長。一九二九年任孫中山奉安大典迎櫬專員。後在香港創辦華夏學院等。一九五八年在上海逝世。

83 伍朝樞（C.C.Wu，一八八七—一九三四），字梯雲，廣東新會人，伍廷芳之子，民國著名外交官，國民政府外交部長、國民政府駐美公使。伍朝樞生於天津，早年在美國和英國接受教育，在倫敦大學讀法律，一九一一年回國，歷任湖北軍政府交涉司司長、廣州軍政府外交部次長、大本營外交部部長、國民政府外交部長、國民政府駐美公使等職。一九三四在香港逝世。伍朝樞和傅秉常是連襟。

84 林森（一八六八—一九四三），舊名天波，字子超，晚號青芝老人，福建閩侯人，國民政府主席。林森早年在福州英華書院就學，後先後在台北電報局和上海江海關工作。一九〇五年加入中國同盟會。一九〇九年當九江關職員。武昌起義後當選九江軍政府民政長。一九一三年參與反袁，失敗赴日本，加入中華革命黨，後參與西山會議。一九三二年起任國民政府主席至一九四三年逝世為止。

85 居正（一八七六—一九五一），原名養浚，字之駿，後更名正，字覺生，號梅川，湖北廣濟人，革命元勳、司法院長。居正二十四歲以院試第一入縣學。一九〇五年赴日留學，入法政大學，在學時加入中國同盟會。一九一一年任同盟會湖北分會負責人。武昌起義後任參議院議員。曾參與二次革命，失敗後赴日本。後歷任國民黨第一屆中央執行委員。一九二五年參與西山會議。一九三一年任廣州國民政府委員。一九三二年任司法院院長。一九四九年赴台，一九五一年逝世於台北。重要著作有《梅川日記》等。

86 蕭佛成（一八六二—一九四〇），字鐵橋，福建人，僑領。蕭佛成生於暹羅曼谷，幼年接受傳統教育，後為當地律師。一八八八年加入三合會。一九〇四年加入光復會，創辦《華暹日報》。一九〇八年任中國同盟會曼谷分會會長。民國成立後任中國國民黨暹羅總支部部長。一九二六年任國民黨第二屆中央執行委員。一九二七年任國民黨中央政治會議政治委員。在政治傾向上，蕭佛成反對蔣介石，曾參與西南反蔣，一九三二年任軍事委員會西南分會委員。後為國民黨中央監察委員會常務委員。一九三七年返回暹羅。一九四〇年逝世於曼谷。

87 李烈鈞（一八八二—一九四六），字協和，江西武寧人，軍人。李烈鈞是日本陸軍士官學校第六期畢業生，留學時期加入中國同盟會，返國後任雲南新式陸軍的軍事教官，辛亥革命後任江西都督，後參與二次革命。歷任廣州軍務院撫軍、江西省政府主席等職。一九四六年在重慶逝世。

88 陳策（一八九二—一九四九），字籌碩，廣東瓊山人，民國海軍將領。陳策在廣東海軍學校肄業，一九一一年加入同盟會，辛亥武昌起義時，與陳俠農組織炸彈隊和敢死隊，進攻海口府城，民國成立之後，返回廣東海軍學校繼續學業。一九一五年，袁世凱稱帝時，密謀炸死龍濟光不果，失敗出走香港。袁世凱死後，再重返學校完成學業。

一九一七年，赴廣州參加護法，任大元帥參議。曾先後任長洲要塞司令、廣東海軍陸戰隊、廣東海防司令、廣州國民政府海軍總司令、中國國民黨駐港澳支部主任委員兼國民政府駐港軍事代表。香港淪陷後，陳策成功帶領一批英軍突圍，後獲英皇頒授 KBE 勳章。一九四九年任廣州綏靖公署副主任，同年逝世。陳策早年因戰傷，截去一腿，故號「獨腳將軍」。

89 陳慶雲（一八九七—一九八一），字天游，廣東中山人，中國第一代飛行員。三歲隨父母僑居日本，在橫濱接受教育，一九一四年加入中華革命黨，未幾被派往英國學習飛行技術，歐戰爆發後返國，後又派往美國受訓。一九一七年在美考獲飛行證書回廣州。同年任廣州陸海軍大元帥侍從武官，協助孫中山創立空軍，任空軍隊長。一九二四年，任廣州空軍學校總教官。一九二七年，任廣州政治分會臨時軍事委員會航空處副處長，後歷任廣東江防司令部參謀長、廣東全省航政總局局長、中央航空學校校長等職。一九四〇年，授空軍少將。一九四九年以後赴美，一九八一年在紐約逝世。

90 張惠長（一八九九—一九八〇），字錦威，廣東中山人，中國第一代飛行員。張惠長幼年隨父赴美。一九一四年在美國學習飛行技術。一九一七年得飛行執照。一九一八年任大元帥府參軍處副官。歷任國民政府軍政部航空署署長、古巴公使等職。一九八〇年逝世。

91 黃光鋭（一八九八—一九八六），廣東台山人，中國第一代飛行員。黃光鋭為旅美華僑，曾在美國學習飛行技術。一九二三年任航空隊長。一九二六年任教於廣東的中央航空學校。一九三六年六月，兩廣事變時，成立抗日救國軍，任空軍司令，後為中央航空學校校長及國民政府航空委員會委員。一九三六年任空軍少將。一九三八年以後曾當國民政府航空委員會副委員長等職。一九三六年任空軍總司令部副總司令。一九八六年在美國逝世。

92 羅翼群（一八八九—一九六七），原名道賢，字逸塵，廣東興寧人，軍人。羅翼群一九〇六年考進兩廣測繪學堂。一九〇七年加入中國同盟會。一九〇八年畢業於兩廣測繪學堂。一九一一年武昌起義後加入陳炯明部。一九一三年參與二次革命，後加入中華革命黨。歷任廣州政府工兵局籌備委員等職。一九六七年在廣州逝世。

93 宋慶齡（一八九三—一九八一），廣東文昌人，孫中山第二任妻子。宋慶齡七歲進上海中西女塾。一九〇八年進美國衛斯理女子學院，一九一三年畢業，同年回國，任孫中山秘書，後成為孫中山第二任妻子。宋慶齡一生堅持孫中山的革命事業，一九二六年任中央執行委員。一九二七年任武漢國民政府委員，同年赴莫斯科。一九二九年回國參加孫中山的奉安大典。一九三二年與蔡元培等在上海組織中國民權保障聯盟。一九三七年組織保衛中國同盟。中華人民共和國成立後任中央人民政府副主席，後為中華人民共和國副主席。一九八一年在北京逝世。

94 廖仲愷（一八七七—一九二五），原名恩煦，又名夷白，字仲愷，以字行，廣東歸善人，民國政治家，國民黨左派領袖。廖仲愷生於美國三藩市，十六歲到香港讀書，一九〇二年到日本留學，後加入中國同盟會，日本中央大學政治經濟學部畢業。辛亥革命後歷任廣東軍政府財政次長、工人部長等。孫中山死後落實執行聯俄容共政策。一九二五年在廣州中央黨部前被殺。

95 何香凝（一八七八—一九七二），廣東南海人，香港富商何裕長女、廖仲愷妻子、中國婦女運動先驅。何香凝早年在日本入讀女子美術學校，後轉入女子大學，一九〇九年與廖仲愷結婚，先後誕下廖夢醒和廖承志。廖仲愷在一九二五年被刺身亡。一九二六年任國民黨第二次全國代表大會中央執行委員兼婦女部長。後與史良等組織上海婦女界救國聯合會。何香凝晚年在北京生活。一九七二年在北京逝世。

96 徐謙（George Hsu，一八七一—一九四〇），字季龍，安徽歙縣人，晚清進士，清代官至法部次長，民國時為司法部長，基督徒。徐謙科舉中式後為法部參事，累升至法部次長。民國時歷任司法次長、司法部長，嶺南大學國文科主任教授等職。徐謙參與收回漢口英租界和九江英租界。一九二七年離開中國，一九二八年返國，隱居上海。一九四〇年在香港逝世。

97 趙士北（一八七〇—一九四四），字於朔，廣東新會人，學者、法律官員。趙士北是哥倫比亞大學博士，早年加入中國同盟會。一九一一年，各省都督府代表聯合會由武昌移地南京召開，趙士北代表江西出席會議。一九一三年，任公立唐山工業專門學校校長。一九一九年任廣東政府高等法院首席推事。一九二三年任廣東政府大理院院長。後任國民政府立法院立法委員。一九四四年逝世。

98 馬超俊（一八八六—一九七七），字星樵，廣東台山人，曾任南京市長。馬超俊早年畢業於香港南華學堂，後赴日留學，加入中國同盟會。一九二三年任廣東兵工廠長，後歷任工人部長、南京市長、中央政治委員會委員。一九四九年前後赴台，一九七七年在台北逝世。

99 黃騷（一八八六—一九四二），字深微，廣東中山人，工程師、官員。黃騷幼年隨伯祖父赴檀香山，早年加入同盟會，哈佛大學碩士。曾在美國鋼廠任技師。一九一九年應孫中山之招返回廣州。一九二一年任廣州非常大總統府技正，後往澳門辦火藥局，製造手榴彈。後任廣東造幣廠廠長等職。一九四二年病逝於柳州。

100 馮偉（一八九二—？），廣東南海人，官員。馮偉早年加入同盟會，一九一一年畢業於香港皇仁書院，旋入郵傳部唐山機車廠實習，後併入路礦學校學習。一九一三年回唐山機車廠繼續實習。一九一四年至一九一九年留學美國，一九二〇年回國從商。一九二三年任廣東無線電報總局局長。歷任廣東省政府參議等職。

101 葉蘭泉（一八六六—一九四六），名灝明，字蘭泉，號瀚群，以字行，廣東鶴山人，香港富商。二十歲來港，進香港皇仁書院讀書四年。早年任輪船辦房，往來南洋和汕頭等地，後何東聘他常駐泗水辦理糖務，其後屈臣氏聘他為漢口分行買辦。回港後組織光大堂置業有限公司，自營商業。民國初年，葉蘭泉創立鶴山商會，任主席凡二十七年。又與劉鑄伯和何澤生等香港商人合組華商總會，任司理十七年。另外又與華商向香港政府領地建立華人永遠墳場。葉蘭泉曾任保良局和東華三院總理，及與簡孔昭等籌建位於加路連山的孔聖堂。九一八事件後，他辭去大阪商船公司辦房一職。一九四六年逝世於香港。

102 蔡昌（一八七七—一九五三），廣東中山人，香港富商。蔡昌早年隨兄至澳洲，當水果店雜工。後其兄與馬應彪合作在香港開設先施百貨公司，他在公司當職員。一九一二年自營大新百貨公司，在廣州和上海均有分店。一九四七年定居香港。一九五一年在香港逝世。

103 蔡興（一八六九—？），字祥泰，廣東中山人，香港富商，蔡昌之兄。先施百貨公司和大新百貨公司創辦人之一。

104 黃廣田（一八七九—一九三六），香港商人，曾任香港大學校董等公職。

105 梁士訏（一八七九—？），字季典，廣東三水人，梁士詒四弟，香港富商。

106 余斌臣（？—一九四五），廣東新會人，香港商人、基督徒，中國同盟會會員。

107 吳鐵城（一八八八—一九五三），曾化名吳丹，廣東中山人，政治家。吳鐵城生於江西九江，家境富裕，早年支持革命，後留學日本明治大學，又往夏威夷檀香山拓展黨務。曾任孫中山大元帥府參謀。一九二三年後歷任廣東市公安局長、廣東警衛司令等。一九二四年平定商團軍。一九三〇年任國民政府內政部次長。後歷任上海市長、廣東省政府主席、國民黨中央海外部部長等職。一九四九年赴台，一九五三年在台北逝世。重要著作有《吳鐵城回憶錄》等。

108 歐陽駒（一八九六—一九五八），字惜白，廣東中山人，軍人。早年肄業於陸軍小學，後加入中國同盟會，任陳其美部光復軍排長，後升連長。一九一九年保定陸軍軍官學校步兵科第六期畢業，同年護法軍政府參謀部部長李烈鈞委任歐陽駒為高級副官。曾先後任潮梅警備司令、廣東警官學校校長、淞滬警備司令部參謀長等職。一九四六年任廣州市市長，一九四九年十月免職，後赴台灣，任總統府國策顧問，一九五八年在台北逝世。

109 李章達（一八九〇—一九五三），字南溟，廣東東莞人，軍人。

110 廖行超（一八九五—一九七二），字品卓，雲南人，滇軍將領。

111 范石生（一八八七—一九三九），字小泉，雲南河西小街鄉人，民國地方軍人。范石生十六歲中秀才，到昆明進優級師範，一九〇七年畢業，任普洱縣高等小學校長。一九〇九年考入雲南講武堂，加入同盟會。歷任靖國軍第一軍參謀長、國民革命軍第十六軍軍長、襄樊警備司令等職。一九三九年在昆明被殺。

112 魯滌平（一八八七—一九三五），字咏庵，湖南寧鄉人，軍人。

113 李明揚（一八九一—一九七八），字師廣，安徽壽縣人，軍人。

114 何成濬（一八八二—一九六一），字雪竹，湖北隨縣人，軍人。何成濬一九〇七年留學日本，進東京振武學堂，後入日本陸軍士官學校步兵科第五期，在日本加入中國同盟會，一九〇九年畢業回國，任陸軍部軍制司科員。一九一二年任南京臨時政府陸軍部副官長，後參加反袁。歷任湖北招討使、第五路軍總指揮、湖北省政府委員兼主席等。一九四九年去香港。一九五一年去台灣。一九六一年在台北逝世。

115 魏邦平曾任廣州警察廳長。

116 鄒魯（一八八五—一九五四），原名澄生，字海濱，廣東大埔人，革命元勳、民國官員，曾任國立中山大學校長。鄒魯十九歲創辦樂群中學。一九〇五年加入中國同盟會。一九〇六年創辦潮嘉師範學校。他曾參加多次起義，一九一一年四月參與廣州起義，失敗赴香港。辛亥革命後歸廣州任官銀錢局總辦，二次革命後逃往日本，進早稻田大學。曾任國立中山大學校長、國民政府委員等職。一九五四年逝世於台灣。重要著作有《中國國民黨史稿》和《回顧錄》等。

117 陳其瑗（一八八七—一九六八），字志據，廣東廣州人，民國官員和學者。十五歲入廣東高等學校，十七歲入京師大學堂預科，一九一二年畢業於北京大學。歷任東莞中學、廣州中學等教員。一九一三年任交通銀行秘書長。一九一七年後先後任廣三鐵路局總務處長、廣州大本營財政部總務廳廳長、黃埔陸軍軍官學校政治講師等職。一九二一年加入中國國民黨。曾赴美國，擔任舊金山華僑中學校長。一九四六年到香港，任達德學院院長。一九四九年加入中國民主同盟。一九五九年加入中國共產黨。一九六八年在北京逝世。

118 陳樹人（一八八四—一九四八），原名哲，後易名韶，字樹人，以字行，廣東番禺人，生於廣州，嶺南派著名畫家、官員。青年時代從居廉習畫。後到香港，先後在《廣東日報》、《有所謂報》、《時事畫報》等主筆政。中國同盟會成員。後到日本京都美術學校，從山元春舉學習繪畫，畢業後任東京華僑學校教師。一九一二年歸國後在廣州教授國畫。二次革命失敗後東渡，進立教大學，獲文學士學位。後長期在政府任文職，曾任國民政府僑務委員會委員長等職。一九四八年逝世於廣州。

119 許崇清（一八八八—一九六九），字志澄，廣東番禺人，許崇智從弟，中國近代著名教育家，許崇清早年在東京高等師範學校留學，東京帝國大學文學院畢業，一九二三年和一九二九年任廣東省政府教育廳長。

120 金曾澄（一八七九—一九五七），字湘帆，廣東番禺人，教育家。金曾澄曾留學日本廣島高等師範學堂，回國後長期在廣東從事教育工作。

121 林雲陔（一八八三—一九四八），廣東信宜人，民國廣東官員，早年留學美國。

122 鄧澤如（一八六九—一九三四），號愚公，廣東新會人，革命元勳，華僑。鄧澤如早年家貧，十九歲隨兄至新加坡工作，後定居瓜拉庇勞，經營橡膠和開採錫礦業務，稍有資財。後認識孫中山，在馬來西亞加入同盟會分會。鄧澤如多次資助革命，另曾支持西山會議。一九三四年逝世。重要著作有《孫中山先生廿年來手札》和《中國國民黨二十年史蹟》等。

123 李錦綸（Frank W.Chinglun Lee，一八八四—一九五六），廣東台山人，母為德國人，生於紐約，民國時期外交官和教育家、牧師。李錦綸先後就讀於芝加哥大學及紐約大學，後回中國，歷任粵海關監督兼廣東交涉員、國民政府駐葡萄牙公使等職，一九五六年在紐約逝世。

124 傅秉常（一八九六—一九六五），廣東南海人，民國時期著名外交官，曾任國民政府駐蘇聯大使。傅秉常為香港大學一級榮譽工學士，歷任瓊海關監督、粵海關監督兼廣東交涉員、國民政府駐蘇聯大使等職。一九六五年在台北逝世。

125 戴恩賽（一八九二—一九五五），廣東五華人，美國哥倫比亞大學博士，孫中山女兒孫琬第二任丈夫，民國時期外交官。

126 宋子文（T. V. Soong，一八九四—一九七一），廣東文昌人，宋慶齡弟，民國時期政治家和金融專家，國民政府財政部部長和外交部部長。宋子文生於上海，早年入讀聖約翰大學，後赴美國，先後進哈佛大學和哥倫比亞大學，畢業後曾在美國花旗銀行當見習。返國後在漢冶萍公司當秘書。一九二三年在廣東軍政府任英文秘書是宋子文踏入政界之開始。後任廣東中央銀行行長、廣東政府財政部長兼廣東省政府財政廳長等職。一九二八年任南京國民政府財政部部長。一九三二年再任財政部部長兼中央銀行總裁。一九三五年任中國銀行董事長。曾任全國經濟委員會委員長。一九四一年任外交部部長。一九四九年赴香港前是廣東省政府委員和主席，後移居美國紐約。一九七一年在舊金山逝世。

127 吳尚鷹（一八九二—一九八〇），字一飛，廣東開平人，民國官員，曾任財政部政務次長。

128 黃芸蘇（一八八二—一九七四），字魂蘇，廣東台山人，民國官員。一九〇八年，考入兩廣遊學預備科，學習一年，被選到美國公費留學，在舊金山與溫雄飛等組織少年學社和創立《少年周報》。一九一一年，孫中山委黃芸蘇為美洲支部長，負責籌餉。辛亥革命後曾短暫返國，再赴美，獲美國哥倫比亞大學碩士。在學期間曾在紐約創辦《民氣日報》聲討袁世凱稱帝。一九二一年返國，歷任大本營秘書、廣州市財政局局長、國民政府秘書、駐檀香山總領事等職。一九五〇年退休返美，從事僑教工作，一九七四年在美國逝世。

129 程天固（一八八九—一九七四），廣東中山人，官員，曾任廣州市市長。程天固先後在美國和英國留學，回國後曾經商，後當官員，歷任廣州市長和國民政府駐巴西大使等職。一九四九年後居港，一九七四在香港逝世。

（八）

是年[130]三月沈鴻英[131]野心叛變，率軍倒戈，在沙河及西村、石井、新街等地，攻打廣州市。攻至白雲山佔瘦狗嶺，一方面沿沙河路欲進農林試驗場。孫先生交帶余籌款應付各軍及犒賞，一方面親自督師反攻，幸滇、粵、桂軍深明大義，始終服從命令，努力前進，同心協力，卒將沈軍追擊打退，沈軍縮入連江口、軍田等地。在是役人心惶惶之中，商戶閉門閉戶之際，余在一、弍日內能在市內籌得現款佰萬元。當時得蔡昌君勷助力量極大，臨時在大新公司及國民銀行將余經手存下現款提清。蓋余與蔡君經營之置業公司存款甚鉅，盡行先將此項存款提出，不足則向外間張羅，事後由余設法籌還。一諾千金。余後回港變賣私產、股份，陸續籌回歸墊以符初時借款諾言，以維信用。寧願私人吃虧，免失軍心。

未幾海軍北洋艦南來，溫樹德[132]帶領各艦司令、長官、艦長等晉謁孫先生，報告南來護法事。奉孫先生命，着余籌給月餉十六萬五仟元（大洋計算）。廣州當時以毫幣為●位（即双角白銀），余幸能如數籌給與他。溫氏並向孫先生聲稱，司令官、艦長及士兵衣服均皆殘舊霉爛，須添置服裝等物。孫先生再命令余與溫氏接洽辦理，斟酌補充。計高級制服價值弍萬餘元，士兵制服價值七萬餘元，合十萬元有奇。將估價單呈孫先生，奉批交余照辦，由余向洋服商訂製。溫氏通知各司令官、士兵等到商店度身，款由余負責撥給洋服商，服裝送妥，官兵領用。後貨款尚未給付，溫氏再索兩個月餉大洋卅三萬元，孫先生又命照發。余在市面微聞北洋艦南來，非真有留粵幫助之誠意。此消息係由洋服商採得，與余閒談中說出。余於是走告孫先生，可否斟酌將兩個月餉先發給壹個月，再遲來月，然後籌足照付。孫先生答曰：「可去訪溫氏，向他疏通。」詎溫氏與余時間相撞。他跑到大元帥府，以危言向孫先生恐嚇曰，倘即日不付給此餉，恐艦中司令發變志等語，於是勉強盡法搜集，將款給足。不料給足後，翌晨灣泊黃埔及白鵝潭之北洋艦通通離去，僅天亮即有人到余家報告消息，余據報即走告孫先生，怱忙中跑到孫先生臥室談了幾句話，答曰：「我是忠厚待人，他們不忠厚待我，難講了。」

查是次北洋艦南來，無形中累虧毫幣捌拾萬元，幸得向榮業公司移款備墊。在四月、五月間，得港商幫忙集得鉅款，預備恢復造幣廠開鑄毫幣（即白銀），孫先生命令派王國璇為造幣廠總辦，派王棠、鄺熾崑為造幣廠會辦，派黃騷為造幣廠技士。王國璇因香港國民銀行司理職責繁重，不能來省兼顧，廠內外一切大小事務由王棠替代，發表後余即將廠內即錢路頭之原有廠址僱匠將機器修理、將建築物修葺。弗料一波未平一波又起，據報陳炯明[133]軍隊又由惠州、博羅、增城面向廣州市推進搗亂，未幾進至瘦狗嶺。

余適奉派赴港參加梁燕孫[134]父梁葆三[135]壽辰慶祝及聯絡商界領袖籌款。甫到第二天，孫先生派員來港，着即集籌大款返省以應支拆。幸準備經營造幣廠預備購白銀之現款提出，又得港商各界對余信用和感情極好，慷慨好義，踴躍幫助。又得何世光君不遺餘力，奔走搜集，旦夕間能得鉅款解省，趕搭廣九快車回省。陳興漢同志得消息，在車站等候，并詢籌款成績，具體以告，相將趕回大元帥府報告。剛逢孫先生自戰場督師歸來，隨即着與朱培德同志攜款分給楊希閔等犒軍。款項送至瘦狗嶺山腳，將款部份交畢，與朱培德同志同乘汽車而回，行至中途，被陳家軍洪兆麟部，在山頂望下，一連解款汽車六輛誤為孫先生出巡，開槍向我們之汽車射擊。余與朱培德同志所乘之汽車，有旗幟一面，書曰「犒軍」兩字，其餘皆無。該車被射擊穿數孔，幸余與朱同志連車伕三人均不中槍，亦云幸矣。槍聲來得較密時，朱同志主張落車步行，乃相將下車，沿路傍樹下閃縮而行，經沙河路，沿黃花崗行，繞道達市區，汽車則暫停路邊，俟夜間始着車伕繞道駛回，沿路多陳列傷兵屍體矣。

從此孫先生領導各軍進攻陳家軍，迫其退入惠州城死守，欲乘機一鼓蕩平，將其撲滅，以除後患。即於石龍設立大本營行營，孫先生亦親赴前線指揮作戰。會計司因要負責後方工作，余派庶務科鄭科長校之攜款追隨孫先生前往。大元帥府事務由孫先生發出手令，派胡漢民同志為代帥代拆代行。孫先生到行營之後，親書給余一長函，內云關於許總司令之隊伍多調至河源即需給養，并着兵站總監羅翼群所辦各件，轉知無線電局局長馮偉及航空局局長楊仙逸、魚雷局局長謝鐵良於攻城應需器材及魚雷等其他一切，并着余與胡代帥籌商進行，未及一一作函，着余轉知各部長、各總司令致意。余依照來函分別辦理妥善。

楊仙逸、謝鐵良、蘇從山等同志，將一切準備妥善後，聯同出發，會同孫先生齊赴惠州城外梅湖地方，集中工作。當時僱有木船多艘，以為住宿、辦公、堆置器材、魚雷之用。有一天，謝鐵良同志購買大魚一尾，備好晚膳，邀各同志回船用膳。其中一同志因上落不慎，用步過重，不幸將船內魚雷觸發，隆然巨響一聲，整批熱烈愛黨愛國之努力同志，同歸於盡，真是聞者傷心，見者流淚也。兩日後孫先生懊喪回省，着余負責辦理喪事，並撫卹死者家屬。余與孫先生均含淚談話，十分悲痛。一方面派各同事備辦各物，余唯有飲泣治喪，隨將楊仙逸同志屍體全具由水撈起運回。該屍體全身瘀黑，身上尚配有短槍一枝，其餘蘇從山同志僅餘一手，謝鐵良同志等均被龍宮召去，屍體全無撈得。余着庶務科仍購四棺木，其無屍體者，將他本人平日所穿之衣服為代表屍體而殮。在永漢南路口天字碼頭入殮，殮妥發引，沿永漢南，經双門底，轉惠愛東路，經舊諮議局前，入河沙路，經溫生才[136]、史堅如[137]烈士墳場前，安葬於二望崗之陽。

註釋：

130 編者按，一九二三年。

131 沈鴻英（一八七一—一九三八），名亞英，字冠南，廣東恩平人，民國地方軍人。少時家貧，曾當傭工及綠林。一九一一年十一月，柳州獨立，被任為管帶，後為督帶，再升為幫統。陸榮廷委沈鴻英為討龍濟光軍第三軍總司令。後曾擔任瓊崖鎮守使等職。孫中山討伐陳炯明，委任他為廣西靖國軍總司令。後背叛孫中山，將陸榮廷驅逐，自任廣西建國軍總司令，惟旋為新桂系所敗，逃往香港。一九三四年曾任香港博愛醫院的董事局主席，一九三八年病逝於香港。

132 溫樹德（一八七七—一九五九），字子培，山東黃縣人，清末、北洋時期海軍將領。年幼家貧，十六歲時得教會幫助，入英國皇家海軍學校，返國後任北洋艦隊軍官。一九一一年辛亥革命後任艦長。一九二三年曾率艦隊短暫投靠孫中山，後率艦向北京政府投誠。抗戰期間曾任蘇魯戰區黨政委員會高級顧問。日本憲兵曾逮捕溫樹德，迫其與政府合作，拒不就。一九五九病逝於山東。

133 陳炯明（一八七八—一九三三），字競存，廣東海豐人，政治家、民國廣東實力派人物，鼓吹聯省自治，一九三三年在香港逝世。

134 梁士詒（一八六九—一九三三），字翼夫，號燕孫，廣東三水人，晚清、北洋高級官員、政治家、富商、交通系領袖、曾任中華民國國務總理。梁士詒是晚清進士，晚清時官至郵傳部副大臣。一九一二年任北京政府總統府秘書長兼交通銀行總經理。一九一三年梁士詒以財政次長暫代財政總長周學熙。後來袁世凱稱帝，梁士詒因參與其事，被通緝。一九一八年任內閣公債局總理。一九二五年為財政善後委員會委員長。一九三三年在上海逝世。

135 梁知鑑（一八四三—一九二九），字葆三，廣東三水人，梁士詒父親，晚清舉人。

136 溫生才（一八七〇—一九一一），字練生，廣東梅縣人，革命烈士。

137 史堅如（一八七九—一九〇〇），廣東番禺人，革命烈士。

（九）

自經過是役之後，余心裡極抱不安。一則失了數位合作共患難好同志，再則應付各軍餉項，弄到身疲力倦，自己所有積蓄，業已墊盡，致令囊空如洗，向外間籌借，負債累累，勢成弩末，遂與譚延闓同志磋商，欲辭去會計司長職。荷承多方勸導，力懇慰留，即辭呈。●●譚同志奪去。譚同志與余交情甚篤，頗稱投契，數月前他回湘帶兵來粵，除孫先生批下發給之開撥費照撥外，尚不敷甚鉅，他與余商量，請求幫助。余作私人借貸，即撥與他十萬元，以遂他願而安其心。他抵湘沿途均來函道謝。未幾大軍抵粵，由余佈置司令部。他的軍長常到余家消遣。（譚同志為人和藹，十分念舊。余雖為公數次之幫忙。他當行政院院長時，函電數次，促余赴京，奈斯時因香港生意關係，負責頗重，不能離開，惟有函覆鳴謝盛意。）

是年秋間，譚延闓同志染恙在醫院留醫，余託其參議張國元君特達余意，決定辭職，辭呈業已呈送孫先生。即接譚延闓同志抱病親書函挽留，情詞十分懇切，函云：左右毀家紓難，固人所共知，當此緊急之秋，各軍雲集之際，總理倚畀之殷，同志屬望之切，何可言去？願左右無負夙心等詞。余以斯函進退維谷，幸孫先生體念余之艱難，批准辭呈，改派余為東江商運局局長，兼軍車管理處處長。軍車管理，雖然職責卑微，但亦頗重要。各火車運兵運粮，接濟前方，調動車頭車輛，亦刻不容緩也。余就後，努力苦幹，經過工作，尚稱完善，亦賴各軍能互相聯絡，始克順利進行。至大元帥府會計司司長一職，移交與黃隆生同志接管。

孫先生創辦文武二校。一為廣東大學，校長先鄒魯，後戴天仇[138]。校務主任蕭冠英[139]、會計程鴻軒，該校址即原日貢院，前臨文明路，後達惠愛東路，民國十六年，改名中山大學，以紀念孫先生。後因學生漸多，校務發達，添建校舍於石牌，佔地數百畝，建築費達數百萬，校具儀器、設備極為完善，規模亦頗宏敞。一為黃埔軍校，係容共聯俄後開辦。校長蔣中正。校務主任及教官李揚敬、錢大鈞、何應欽[140]、陳辭修[141]、鄧演達[142]、李任潮[143]等。俄國列寧派鮑羅廷[144]、加侖將軍[145]及某將軍協助及訓練事宜。該二校作育人材，奠定革命建國之基礎，具有遠見，其功甚偉。由此兩校，歷年產生人材至鉅，對黨對國，貢獻殊多，增益不少。

弗料開校未久，某查●●將軍在粵染病，藥石無靈，溘然逝世。孫先生聆事之餘，悲悼實深。在惠愛東路舊諮議局前東較場舉行喪典儀式，嚴肅隆重，設壇用寶劍致祭。出殯時由東較場發引，孫先生夫婦領導，各總司令、部長、省長、市長、局長及高級文武官員執拂。由呂定國率樂隊先導，沿東較場，經惠愛東路，出双門底，過永漢南，直至天字碼頭，隨靈柩之後，鮑羅廷及孫先生夫婦汽車、各長官汽車，由靈柩至末車兩傍各軍軍隊倒掛長槍執拂，槍口向地。

軍政機關、商店、社團均下半旗致哀。

民十三年孫先生召集全國及海外黨部開中國國民黨第一次全國代表大會，地點在廣州市廣東大學內（即舊貢院）。事前將該校佈置，會場設在該校大禮堂。各省黨部及海外黨部均派代表出席。余為負責招待之一。美洲方面黨部派出代表最多，共數十餘人。照通告規定，每一國海外黨部，祇可派代表兩人為單位，美洲各代表相爭甚劇，孫先生遂約齊各美洲代表到來談話，將此次開第一次中國國民黨代表大會意義，及各處海外所派代表參加以兩人為合格解釋後，由孫先生指定陳漢子、葉崇濂兩同志為代表，紛爭始息。當時陳、葉兩同志乃合夥經營事業，聯袂而至，同入同坐，一起坐在室內之角，故順手將其兩人指定也。孫先生指定後，各代表不能不逆徇也。

第一天開會時，儀式極為隆重，凡入場者不論代表或列席者、傍聽者或長官，每位均派孫先生手書《建國大綱》一本。該《建國大綱》全部由孫先生親筆書成，用鋅版印刷，書面紅色印真金字，西式釘裝，極為華麗名貴。該書尚派餘數本，存在余處，當香港淪陷時，全家人恐被敵人檢查，連同前得委任狀、獎狀及宋漁父[146]、徐固卿[147]、陳英士[148]、蔡松坡[149]、朱執信[150]、林煥廷、夏仲民、廖仲愷、譚組庵[151]、胡展堂[152]、鄧澤如、汪兆銘、林直勉、朱卓文、梅光培、黃克強、孫哲生[153]、吳鐵城、陳興漢等同志之來往函件一概焚毀，亦革命史料之一大損失也。

孫先生北伐，設行營於韶關，各軍紛紛調動北上，需款甚急，斯時廖仲愷同志任省長，令財政廳等籌集鉅款接濟，分配各軍，當時財政廳長為鄭洪年，召集有收入各機關主管長官，會商籌款計劃，參加討論者計有官屋處處長梅光培、市政廳廳長孫科、粵漢鐵路管理局局長陳興漢、公安局局長吳鐵城、東江商運局局長王棠，結果成績極佳，以孫科、吳鐵城二氏最為努力。一方面派員向各善堂備得善款一批，暫時應付目前之急需，未幾鄭洪年君辭職，由陳其瑗君繼任。陳君上場時，聘胡青瑞[154]君為高等顧問，協助策劃一切，又聘王棠為高等顧問兼財政廳第二科科長，管理税捐，對於籌措餉糧極關重要。弗料陳其瑗君到任兩月餘，即染病留醫於頤養院。廖省長仲愷認為在此軍事倥傯，軍需緊急之際，財廳負籌款重任，不能乏人主持。有一天深夜十二時許，廖省長仲愷到余舍下，擬着余兼財政廳廳長，故先來徵求余同意，然後磋商於陳其瑗。余明知責任艱鉅，深恐弗勝，獻醜不如藏拙，但念各軍已先出發北伐，需款急如星火，倘若卸責，有誤戎機，乃允予暫時代理，仍請物色賢能繼任。於是廖省長仲愷即拍電致韶關大本營行營向孫先生請示，余則赴頤養院與陳廳長其瑗接洽。陳廳長亦認為已成強弩之末，力勸余負起責任，切勿推卸，旋即覆電同意。先由省長公署發表，派王棠兼代廣東財政廳廳長。翌日大元帥府胡代大元帥奉孫先生來電，復由大元帥府加委並發正式任狀。各軍出發前線，後方治安由地方軍警長官負責維持。

註釋：

138 戴傳賢（一八九一—一九四九），字季陶，號天仇，浙江吳興人，生於四川漢縣，日本通、政治理論家、政治家。戴傳賢自少天資過人，十歲能詩，後入上海廣方言館。十六歲赴日留學，入法政大學，後為中國同盟會會員，任《民立報》和《民呼報》等報的記者，宣揚革命思想。戴傳賢日語極精通，且常穿和裝。辛亥革命爆發時返國，參加藍天蔚的關東革命軍。二次革命失敗後再赴日。後隨孫中山至廣州，任廣東軍政府秘書長。一九一九年創辦《星期評論》。戴傳賢也是早期引介馬克思主義至中國的知識分子。一九二二年呼籲四川各方停止內戰，觸發嚴重神經衰弱，在宜昌上游投水自殺，獲救。一九二三年至黃埔軍校任教。一九二四年任中央執行委員。孫中山死後與西山派十分接近。一九二六年任中山大學校長，後任考試院長，晚年鑽研佛理，對政治消極。一九四九年在廣州自殺身亡。代表作有《日本論》等。

139 蕭冠英（一八九二—一九四五），字菊魂，廣東大埔人，廣東官員。

140 何應欽（一八九〇—一九八七），字敬之，貴州興義人，民國時期高級軍人。何應欽早年留日，畢業於日本陸軍士官學校。在日期間加入中國同盟會。曾參與辛亥革命，一九一三年參與二次革命，失敗逃日本。後返貴州任講武學堂校長，入黃埔軍校當教官。此後何應欽歷任國民革命軍第一軍長、軍事委員會委員、南昌綏靖主任等職。抗戰時任最高國防委員會委員。一九四五年代表蔣介石接受日本駐華派遣軍總司令岡村寧次投降。一九四九年渡台，一九八七年在台北逝世。重要著作有《八年抗戰之經過》等。

141 陳誠（一八九八—一九六五），字辭修，別號石叟，浙江青田人，民國高級軍人，曾任中華民國副總統。陳誠於保定陸軍軍官學校第八期炮科畢業。一九二〇年到廣東，加入國民黨。一九二四年黃埔軍校成立，先後任上尉教育副官、炮科特別官佐等職，後參與北伐。一九二八年任第十一師副師長。一九三二年與譚延闓女兒譚祥結婚。後任湖北省政府主席和台北省政府主席等職。一九六五年在台灣逝世。

142 鄧演達（一八九五—一九三一），字擇生，廣東歸善人，軍人，曾任黃埔軍校教官。

143 李濟深（一八八五—一九五九），字任潮，生於廣西蒼梧，政治家、民國高級軍人。李濟深早年加入新軍，辛亥革命時任革命軍第四軍二十二師參謀長。一九一四年陸軍大學畢業。一九二〇年任廣東軍指揮官。北伐時任國民革命軍總參謀長。一九二七年參與清黨。一九二九年至一九三一年被蔣介石軟禁。一九三三年參加福建人民革命政府。後來支持國共合作。一九四八年與宋慶齡等組織中國國民黨革命委員會，任主席。建國後任政府副主席。一九五九年在北京逝世。

144 鮑羅廷（Mikhail Markovich Borodin，一八八四—一九五一），蘇俄駐華代表。

145 即B.K.Galen。

146 宋教仁（一八八二—一九一三），字鈍初，號漁父，湖南桃源人，政治家、革命元勳、國民黨創始者之一，早年留學日本。一九一三年在上海被行刺身亡。

147 徐紹楨，見註19。

148 陳其美（一八七八—一九一六），字英士，浙江吳興人，早期支持蔣介石的革命元勳，一九一六年在上海被刺身亡。

149 蔡鍔（一八八二—一九一六），字松坡，湖南邵陽人，晚清、民國軍人、梁啟超學生，早年在日本陸軍士官學校學習。袁世凱稱帝，起兵反對。一九一六年病逝。

150 朱執信（一八八五—一九二〇），廣東番禺人，革命元勳，汪精衛外甥。

151 譚延闓，見註47。

152 胡漢民，見註73。

153 孫科，見註21。

154 胡青瑞是胡漢民的兄長。

（十）

後廣州市有商團軍之組設，陳廉伯[155]為商團之長，鄧介石為副團長，全市分為九分團，統有商團軍弍仟餘人。嗣因陳廉伯受人愚弄，有意與政府作對，希圖搗亂後方秩序。故商團軍常與政府發生磨擦，伊並以種種手段，聯絡防軍，向政府為難，從事倒戈，但防軍洞悉其奸，口頭上允予協助敷衍，事實上一致行動，仍為政府後盾。孫先生在韶關微聞此意，乃委李朗如同志充任公安局局長，以冀調劑商人與政府感情，以免發生誤會，各走極端。因李朗如同志乃陳李濟東主，佔有廣州市力量，與商人關係很深，本屬一番善意，弗料李朗如同志就職後數天，商團仍固執不悟。

數日後，孫先生在韶關行營據報，如事態如斯，實在忍無可忍，如不解決，後患堪虞，復委吳鐵城同志繼任公安局局長，因吳同志為人極有膽略，且身任警衛軍團師長，手攬兵權，遣調裕如。余以商人資格，不忍坐視。且商人與政府有如唇齒相依，誰是誰非，總可以公理解決，不宜用武。曾用個人名義，印刷傳單數仟張，派人入西關一帶分派勸導，使商團覺悟。該傳單凡千餘言，語重心長，句句均屬金石良言，勸導商人應要尊重政府威信，不得自暴自棄，更不可以卵擊石，自取其咎等詞。

當時商團佔住西關一帶，在太平門、十三行、打銅街、水腳、沙基等路口，均設有沙包鐵閘，由商團軍把守，槍頭豎起，嚴陣以待，一切行人不准通過。余手携傳單領隊分派時，他等認為此舉於其有益無損，始准通行入內分派傳單，派後仍屬無效。查商團軍乃各商店自衛組織，每店派●一人或二人出而擔任，槍械由店中出資購用，各店舖派出擔任為團軍之●，多屬店中多年，或老闆的子侄，血氣方剛，乏於訓練，作事尚欠智理，不明白商團軍之成立，乃保護商場治安，維持後方秩序，以助政府兵與警察之不逮。乃欲假此少數武力，擾亂政府組織，攻打政府防軍。此種錯誤思想，乃無知者受人愚弄，結果干戈一動，不堪一擊，自趨潰滅之途。蓋商團軍暴動不過片時，槍聲僅發數十響，即被防軍圍困，竄入西關之北，全部被包圍繳械，此乃証明商團軍此種舉動，極端幼稚，不聽信老者之言，輕舉妄動，反遭消滅，且予政府以一種不良印象也。

陳廉伯原與余交情很好，時常互相談笑，事變前，余得友人之告，知陳躲避於沙面滙豐銀行廂房內，余即走訪。第一次該行廂房人稱，陳未有來為詞不代傳見。余乃着友人曉以大義，並請其與余一談，旋即復允許見面。余第二次往訪晤時，他仍屬堅持成見，不肯示弱。余講到唇焦舌敝，他才接受余之見解。余以忠厚待人，以為他亦忠厚待我，辭出而回，心裡認為惡化好轉，希望漸漸消滅。不及半天，事果爆發矣。事隔數月，余在香港晤陳，責他不應如此滑頭，不守信義。他稱事前均皆斟妥，非他一人主張也。乃眾意堅決，迫於如此做去，請諒苦衷。

商團變亂後，孫先生仍抱寬大之心，和睦之情，亟欲貫通商、政感情，使後方鞏固，可以一心北伐，無後顧之憂。知第五軍（即福軍）軍長李福林素稱忠實，辦事勇敢，且番禺大塘鄉人。為消除過去誤會，調劑今後好感計，將廣州市長孫科調充別職，派李福林同志為廣州市市長。李同志亦能體孫先生愛護商閭之意，將市府直轄六局人才慎選嚴擇。公安局局長仍由吳鐵城同志兼、財政局局長王棠兼、工務局局長莫靜菴、公用局局長姚觀順、衛生局局長李卓才、教育局局長王仁康。

自商團叛變，各界明瞭余本人無官場習慣，純粹商人本色，迨後商界人物時與周旋，朝夕共談。時廣東全省各縣商會聯合會會長期滿辭職，乏人主持，議決召集同人大會選舉，余得票最多被選為該會正會長。廣州市中山公會會長期滿，照章選舉正副會長主持會務，余得票最多被舉為正會長。孫先生欲將廣州市市長交還地方民選，即表通告各界後，逐鹿者大不乏人。由工、商、學各界票選，商界主張舉王棠，學界主張舉伍朝樞，工界主張舉胡毅生。揭曉王棠得票最多，共捌佰捌拾七票，伍朝樞次之，得票共肆佰叁拾餘票，胡毅生共叁佰伍拾餘票。余聲明不幹，請孫先生卓奪。孫先生批示着伍朝樞任之。

為北伐軍餉急需，擬提關餘挹注餉源。因中國海關曾借外款作關益抵押，孫先生派外交部伍朝樞交涉，致令某國與某國發生誤解，開入兵艦多艘，灣泊於白鵝潭示威，以為孫先生懼怕。

註釋：

155 陳廉伯（一八八四—一九四四），字樸庵，廣東南海人。廣州、香港著名富商，出生於絲商家庭，曾在香港皇仁書院就讀，畢業後承父業，在昌棧絲莊任司理。曾任滙豐銀行廣州買辦。一九一六年起先後擔任廣州總商會會長、廣州商團團長等。商團事件後往香港，在南洋兄弟煙草公司任職。陳廉伯在日治時代的香港相當活躍。後意外溺斃。

（十一）

民國十四年，各軍北伐開撥佈置就緒，孫先生由韶關回省過港赴滬北上，初欲帶陳興漢同志同往，將粵漢鐵路局管理局局長職派王棠兼之。國民促進會議，各省紛紛舉派代表出席，廣東商界方面，選出王棠為代表，余將一切手續摒擋妥當，赴北平出席參加，準備妥，忽接北平噩耗傳來，驚悉孫先生在北平協和醫院與世長辭，余一方面覓人替代工作，趕赴北平參加奔喪及參加國民促進會議。

抵平時先到△△[156]胡同（即顧維鈞[157]住宅）治喪處吊靈，并向孫夫人宋慶齡慰問。孫夫人知余到步，由朱慕菲女士（即朱卓文之次女）陪同孫夫人出而接見。治喪處正座設有孫先生靈壇，佈置頗為壯觀。前座之右側為辦事處，左側兩廳一為中餐廳，一為西餐廳，辦事人及來賓用膳，中、西餐任由採擇。查該治喪處乃由段祺瑞派許世英[158]君主持及招待，余用膳畢，與各治喪同志稍談即驅車赴西山。車至山腳，步行百餘級，遙見一寺觀，再登數十級，則見治喪諸同志，站立於寺門之外。抵達寺門前時與治喪同志握手，承告孫先生遺體，現日用葯及過棺，普通一般人不准近前。該同志認為余係孫先生密切同志，則隨便許入。余立在孫科同志之傍，含淚低首參觀過棺用葯畢，下山回旅寓。

翌日約同謝英伯同志齊赴國民會議促進會報到。隔了兩天為開會期，連日參考提案，及聯絡各議員辦理議會一切手續。抵平時幸得馬素同志幫助及指導，均稱順利。又得徐紹楨同志在平，由徐八太殷勤招待，留平半月許，會終則赴天津，住國民大飯店，同鄉中如先施公司、永安公司諸戚好均來探訪。有程譜荃君帶黎前總統秘書唐賓寅君到訪。余與唐君晤後，由唐君向黎前總統宋卿[159]報告，承約與黎前總統相見晤後，即晚接黎氏翌日邀宴請柬。余依時赴黎公館宴，同席尚有王九齡等。席中談到商業問題，黎氏極有興趣。他本人乃屬軍界出身而轉入政途，但對於做生意談之不厭。談至香港各行生意及各大公司之組織，額外高興。因中國郵船公司、馬玉山糖廠、香港興華製麵公司等，他均佔有股份，尤其是對於廣東人創辦之實業公司向他招股，定樂於投資，有求必應。

註釋：

156 編者按，原文如此，即鐵獅子胡同。

157 顧維鈞（Vi-Kyuin Wellington Koo，一八八八—一九八五），字少川，江蘇嘉定人，中國近代著名外交官，曾任外交總長。顧維鈞先後就讀於上海聖約翰大學、美國 Cook Academy、哥倫比亞大學，一九一二年得哥倫比亞大學博士學位，論文題目為"The Status of Aliens in China"。同年返國，任國務院秘書兼大總統秘書。一九一九年代表北洋政府出席巴黎和會，拒絕在《凡爾賽和約》上簽字。顧維鈞在和會上雄辯滔滔，聲名鵲起。歷任駐英公使、外交總長、財政總長等職。晚年曾任海牙國際法院法官，退休後長居美國。一九八五年在美國逝世。有自傳《顧維鈞回憶錄》。

158 許世英（一八七三—一九六四），字靜仁，號俊人，安徽建德人，晚清、北洋、民國高級官員，曾任國務總理。許世英在晚清曾官至山西提法使，民國以後歷任國務總理、中國駐日本大使等職。一九四九年後赴台，一九六四年在台北逝世。著作有《雪樓紀事》等。

159 黎元洪（一八六四—一九二八），字宋卿，湖北黃陂人，曾任大總統，也兼營商業。黎元洪一八八三年入北洋水師學堂，畢業後赴德國留學，曾參加甲午海戰。武昌起義後被推為中華民國軍政府鄂軍大都督兼總司令。一九一二年任南京臨時政府副總統。後曾任大總統。一九二八年在天津逝世。

（十二）

余在天津住了壹月，乘津浦赴京，轉滬乘輪船赴港。自孫先生死後，余態度消極，不欲從政，留港經商，適安樂園糖果餅乾有限公司須將生意擴展，擬聘余為總經理。該公司董事會通過，派吳天保、林護兩董事到余住宅徵求余意，請余擔任，結果余接納所請就職後，適逢馬玉山糖果餅乾公司因銀根斷絕，有倒閉之虞，影響到安樂園，一般附項家紛紛到來提款，誠為楚歌四面，幸得各董事及各股東之助，應付裕如。

前者余任大元帥府會計司司長時，係大元帥府名義由王國璇君介紹借到真光公司黃在朝君毫洋壹萬元，立有借據。弗料黃在朝在香港延律師向法庭控告要余墊還。查余經手在大元帥府會計司任內借入港商款，發出欠單數不止一單。若私人還他，惹起各單繼續追償，如何應付？商之王國璇君，主張延律師與伊辯護，余方延曹善允[160]及學洵[161]律師。王國璇君亦願証明非余個人借用，係屬政府借用。余即跑到省垣，向財政廳廳長鄒敏初[162]聲請由財政廳發証明書証明，此事稍寢。

民國十五年春，有老同志由海外歸來，與余合組中山織造公司。先購銅鑼灣大坑波地道廿

八、卅號兩間鋪位，上下共八層為廠址，專織造線衫、棉衫推銷南洋群島各地，不滿一載間，出品求過於供，遂將生意擴大。廠地不敷，增加資本，將原有廠址轉讓與人，再購銅鑼灣道四十號至五十號一連七間，前為發行所及寫字間，中座為染房，後座為織造裝置機器。因擴大營業，加入黃耀東、胡俊、黃謙益、伍智梅、楊道儀、馬鰲、何炳垣、李星衢[163]等為股東，改組為有限公司，仍由余為總經理，馬鰲為司庫，何炳垣為副經理。

註釋：

160 曹善允（一八六八—一九五三），廣東中山人，生於澳門，香港社會名流、律師。父為澳門富商。曹善允早年在上海讀書，後到英國習法律。曹善允倡議創辦聖士提反男校和聖士提反女校等學校，一九一八年至一九二九年間被委任為潔淨局委員，曾獲 OBE 和 MBE 勳銜。一九五三年一月病逝於香港養和醫院。

161 即 P. M. Hodgson。

162 鄒敏初（一八八五—？），字肇漢，廣東大埔人。曾任廣東省財政廳稅捐股主任、潮梅財政處處長、廣東省財政委員兼財政廳廳長等職。

163 李星衢（一八七九—一九五五），廣東台山人，香港富商。

（十三）

孫先生安葬墓地，擇定在紫金山。中央黨部擇定日期[164]將孫先生靈柩由北平移京舉行奉安大典，各社團各界紛紛派代表赴京參加迎櫬。余以孫先生故舊關係，作私人之參加，赴京報名。查當時報名者均以某會、某部機關、社團為單位，個人不合手續，且余到達太遲。在中央黨部一連三天開祭，余在最後一天趕到。當赴領取手續時，匆忙中在國民政府大禮堂與林森同志相遇，詢他如何手續。得他帶到辦事處向蕭芹同志查詢，得他幫助辦妥，并發給證章。隨即往花牌樓購得藍布長衫一件、黑布小褂一件，穿起即赴中央黨部行禮。是晚在花牌樓唐森森店晚膳（唐森森乃營傢俬、五金、洋雜生意。東主唐文卿，湖北人，曾充第一任臨時大總統府庶務。民國弍年被當地軍閥誣陷其私藏軍器，因唐君與朱卓文同志交情甚篤，朱君將爛電船機器一副拆出，放在唐森森店內之土庫，該店生意頗佳，且唐文卿有些積蓄，軍閥起痰，藉端誣陷，弄到傾家蕩產，幾乎生命難保。）膳畢入旅店休息，睡至午夜弍時，楊公井附近祝融，驚醒，隨即起床，步行至中央黨部，參加奉安典禮，抵達獅子橋中央黨部時僅四點鐘，天尚未明。入內只有朱培德、戴季陶等四同志在禮堂之側陪靈，余亦參加，共坐一起，共談至五時許，各人紛紛魚貫而至，六時正式舉行移櫬奉安典禮，司儀員宣佈行禮如儀畢，并宣佈執拂秩序。靈柩之後：（一）孫先生家屬、（二）孫先生故舊、（三）中央委員、（四）國府委員、（五）特任官、簡任官、（六）外賓、（七）社團、（八）學校、（九）各界等。余以孫先生故舊，無官職資格加入執拂之第二列而行。先由孔祥熙[165]同志領導軍樂隊，後兩傍有大旗弍面，書曰「肅立敬禮」，樂隊與各國使領均穿制服，簡任官以上均穿藍布長衫、黑布小褂、草帽。除孫夫人及孫先生之女與媳乘坐馬車，均落黑布車簾外，其餘均步行，禮儀極為隆重，全市均懸半旗三天，觀者人山人海，乃空前絕後之哀典。靈柩抵陵園後，仍照中央黨部之儀式行禮。禮畢將靈柩移入塚內。查各都市各國均懸半旗致哀。

註釋：

164 編者按，一九二九年六月一日。

165 孔祥熙（一八八〇—一九六七），字庸之，生於山西太谷，政治家、富商，曾任行政院院長。孔祥熙曾先後在美國奧柏林學院和耶魯大學留學。一九〇七年回國，在山西創立銘賢學校。一九一三年赴日本，任東京神田中國基督教青年會總幹事，後返山西任閻錫山顧問。華盛頓會議後當山東案善後事宜督辦公署實業處長。國民政府成立先後任實業部長、財政部長、中央銀行總裁和行政院院長等職。一九六七年在紐約逝世。

（十四）

民十七年，廣州五華銀行開設分行於香港。該行總行經理黃會民君來港籌備及搜集人材，商之於余，欲余擔任司理職。余認為中山織造有限公司負責有人，可分身出而兼任之，遂徵求黃會民君同意，請馬鰲君兼任司庫。租得永樂東街九十六號鋪全間共四層為行址，裝修妥當開始營業，數月後開設分行於上海寧波路，生意頗為發達，不一年間，聲譽極佳。

廣東政變，胡展堂、汪精衛、鄧澤如等同志組織西南政府，由滬來香港同志絡繹不絕，紛紛到訪，一般軍政客，認余為銀行行長，知余捨官從商。歷次軍政客到訪余者，以這次為最擠擁，且許多舊同志，如前在孫先生時合作者，均勸余東山再出，勷助政府。眾意認余在港身兼數職，持有力量，且握金融力量地位，對經濟和政治必有許多貢獻。提出與余談話者，被余責罵不應內部分裂，應根據孫先生遺囑有云，共同奮鬥，繼續努力，一爐共冶，擁護中央，策劃國家大計，不應意見分歧，聯合一致才是。聆者如冷水澆背，失望離去。余雖一介商人，頭腦簡單，但幾次政變，余認為不合法，概不參加。孫先生在生，祇有服從孫先生主義為之，孫先生死後，惟有服從領袖宗旨，抱定不屈不撓，不貪不謀，專心將銀行業務及其他生意整理，擺脫政治，奔走滬、港，為行務進展。結果不久西南政府內部發生意見，由京、滬來粵者先後返京，不得一致，余的簡單頭腦，看破了其中內幕也。

（十五）

後來總行命赴滬查核賬目事。事畢，與李福林同志約同赴京，時汪精衛同志當行政院兼外交部長，聯同往訪，蒙約翌日午膳，回寓後接汪氏請柬。翌日依時同赴鐵道部一號官舍，同席者除余、李福林同志外，有譚禮庭[166]、鄒敏初，酒過數巡，交談甚歡。談到余本人近況，汪氏詢余曰：「有東山復出幫忙政府意否？」余答曰：「願赴菲律賓馬尼剌充總領事館領事。」汪曰：「你曾當過特任及簡任官，豈肯降格當領事乎？」查領事乃薦任官事，於是鄒、李、譚君互相笑道，揣測王同志各樣官職也曾當過，未有幹過外交官，余微笑曰：「是。」汪氏即起立入內室，書一手令，拿出對各位曰：「即發表文日派王棠為馬尼剌總領事館領事。」，即着人將手令送去外交部。汪氏及李福林將軍、鄒敏初、譚禮庭等君均舉杯向余恭祝，并望余造福僑胞等語。余答曰：「盡余棉力，為國效力，十分多謝諸位盛意，仍望時錫南針，以匡不逮。」席畢，汪氏書一便條介紹余往見外交部次長唐有壬[167]。是日下午到外交部與唐氏接洽受委及赴馬尼剌手續，請將委任及裝費寄香港，并留下地址，即晚乘夜車赴滬，趕船回港辦理生意。

舊曆年關結束，過了舊曆年乘加拿大皇后輪船赴任，當該館總領事者為鄺光林，副領事為莫介恩。鄺乃上海商務印書館鄺富灼之●，莫乃香港英文教師莫禮智[168]之子，兩位與余均為世交。余在該總領事館受職未幾，適逢遠東運動會在馬尼剌舉行，由王正廷[169]博士領隊參加，余身為領事官，當然盡棉薄，協助總領事籌款和佈置招待，整月奔走。因國家體面，百忙中頗稱愉快。余在任內與華僑相當好感，如與總督及海關交涉，華僑以商人資格，妻子來親近丈夫[170]，不得留難，已獲准，稱變通；華僑互相爭鬥，常有殘害及動武不良舉動，組織和平會為評判糾紛；探訪水●，勉勵監犯等皆順利。華僑及各社團對余歌功頌德。●七閱月，鄺光林辭總領事職，外交部批准，派余代理總領事。後派廖恩燾[171]繼鄺之任，以公使待遇。斯處華僑電外交部反對，復派鄧宗瑩繼任總領事職。余因水土不合，呈請調回外交部辦事，獲准回部，離馬尼剌時，因種下前因，結果華僑多抱依依不捨。動程返國時，全埠華僑商店、社團、學校均懸旗歡送。到碼頭送行者有洋樂兩副，有汽車弍佰餘輛，人數仟餘，各界獻花餽贈珍品。自開馬尼剌領事館以來，來去領事為數不少，此乃破紀錄之送行盛舉，亦乃空前絕後之熱鬧也。

註釋：

166 譚禮庭（一八七六—一九六六），廣東新會人，廣東富商。年輕時經營商業和航運，清末承辦自來水廠和供水業務。後長期經營航運業和煤礦業，創立富國煤礦公司等。一九四九年曾赴香港，建國後返回廣州居住。

167 一九三五年十二月唐有壬在上海被中華青年抗日鋤奸團成員刺殺身亡。

168 莫禮智（Mok Lai Chi）十九世紀末在香港生活，是 Pitnam's Phonetic Society 之會員，一八九三年曾在 *Phonetic Journal* 發表 "An Adaptation of Phonography to the Chinese Language in the Cantonese Dialect" 一文。他是基督教徒。

169 王正廷（C.T.Wang，一八八二—一九六一），字儒堂，浙江奉化人，民國著名外交官、外交總長。王正廷生於基督教家庭，先後在密西根大學和耶魯大學學習。與唐紹儀等開辦金星保險公司。曾任北京政府外交總長，也曾擔任南京國民政府外交部部長等職。公職之餘，王正廷曾任上海中華基督教青年會全國協會總幹事，發起組織中華全國體育協進會，任理事長，以及奧林匹克委員會終身委員。一九四九年後在香港定居，一九六一年在香港逝世。

170 編者按，原文作「夫父」，應是「丈夫」。

171 廖恩燾（一八六四—一九五四），字鳳舒，號懺庵，又署珠海夢餘生，廣東歸善人，廖仲愷兄，清朝至民國時期外交官。留學美國。一九一五年任古巴總領事，一九一七年返國。先後任金陵關監督、古巴公使等職。一九四四年曾任汪精衛國民政府委員，抗戰勝利後被拘捕入獄，出獄後移居香港。廖恩燾是著名詩人和詞人，代表作有《嬉笑集》和《新粵謳解心》等。

（十六）

在外交部服務數閱月，廣東方面陳濟棠[172]有下野意，朱培德同志約余到陵園他私宅談話，知余對香港與廣州情形熟悉，徵求余意見，詢余肯先回港照料否？余允之，答應幫忙各事，即離京赴滬。抵達香港時，已來梅光培同志與黃光鋭同志接洽妥當。黃統帶之飛機飛京，結果陳氏下野，余漢謀主持軍事。余赴省不久，居覺生[173]、朱益之[174]、程頌雲等同志先後相繼抵省。初時余漢謀同志派副官鄧剛招待下榻於南堤海軍俱樂部，因天氣炎熱，程同志等不能安睡，遷往東山鄭日東之屋居住，并在該屋設立辦事處。朱、居、程三同志為主●外，由余幫忙及對外一切工作。

關於廣西省軍政要人與中央微有誤會，態度未十分鮮明。由朱、居、程等同志去電廣西黃、李[175]、白[176]同志，說明抵省欲來廣西一行。接黃、李、白覆電歡迎，即派劉煥章君代表來省恭迎，先由黃紹竑[177]、朱培德、程頌雲等同志乘北斗號飛機赴南寧，往晤廣西省主席黃旭初[178]、軍事當局李宗仁、白崇禧諸同志，結果一見明白。廣西方面解釋，絕對服從中央等情。未幾，蔣介石同志由京飛粵，接洽經過。居覺生、程頌雲、朱益之三同志再度乘啟明號飛機飛南寧，復晤廣西首腦。隔兩天李宗仁同志與居、程、朱等同志聯袂乘飛機來粵晉謁蔣委座，交談若何，余不甚詳知，但覺得彼此間極為欣洽，相信成績必佳。過去中央與廣西政府一切均皆大白，亦証明廣西省黃、李、白諸同志一致擁護中央無疑。

蔣介石同志公畢，念舊意起，欲訪陳四姑，由余先向陳四姑說明蔣同志欲拜訪之意，遂蒙接受，由余帶往。計蔣介石、居覺生、程頌雲、朱益之、林介眉等同志一齊同往。陳四姑設茶點招待。蔣介石同志向陳四姑致意問安後，詢她有何需求，可向余說明，由余轉達。蔣同志離去後，陳四姑託余轉達者：近來年老多病，廣東財政廳每月僅給毫券弍佰元，入不敷支尚鉅，幸得孫哲生和契女（即陸妻）幫助，不致拮据。長此以往，亦非上策，欲請政府每月撥足壹仟元作家費，另請送給住宅一所，免使每月負擔屋租，其餘無他要求。余即將上述託程頌雲同志向蔣同志陳明後，蔣同志依陳四姑之請求，即撥大洋壹拾萬元作建築住宅費，另派王棠、羅翼群兩同志代陳四姑料理建築住宅事。得款後，購得百子路竹絲崗屋地一段，由余託程偉任繪圖，興工建築，一切材料備妥，建至二樓，七七事變，敵機時來肆虐，陳四姑迫要離省赴港，該建築物和材料深信無形中損失了。（查陳四姑前勷助孫先生革命工作，貢獻極多，如鎮南關之役，立功極偉。）

蔣介石同志在省公畢，乘飛機返京，居覺生、程頌雲、朱益之等同志先後離粵返京，東山辦事處同時結束。余則返香港遷家回省，居住東山江嶺東四十一號，就近料理省方生意及各兒子在省讀書，并為長男頌強與雲南石商寶隆璋東主劉景華君之次女公子銓美結婚。時廣東省主席黃慕松[179]他調，吳鐵城繼任省府主席，請吳鐵城同志為証婚人，陳公哲[180]、鄭國屏兩君為介紹人，假座西堤大新公司七樓覺天酒家為婚禮禮堂，各院長、中央委員、國府委員、各部長、各集團軍總司令、各市長、各局長、各社團均有餽贈喜帳、喜聯、賀禮及電賀。是日上午，各親友到住宅道賀者車水馬龍，絡繹不絕，汽車擁塞於途。下午四時行禮之前後，西堤方面賓客如雲，到觀禮者之汽車滿佈於大新公司之前後。是晚設宴於該酒家，并演男女劇團，高朋滿座，濟濟一堂，分兩次輪流開席，席間諸親友交談甚歡。婚後率兒媳回中山原籍謁祖及歡宴各親友。

註釋：

172 陳濟棠（一八九〇—一九五四），字伯南，廣東防城人，民國廣東軍閥，有「南天王」之稱，主政廣東時期，廣東經濟迅速發展。他與蔣介石關係錯綜複雜，治下之廣東呈半獨立之勢。

173 居正，見註85。

174 朱培德，見註60。

175 李宗仁（一八九一—一九六九），字德鄰，廣西桂林人，政治家、民國高級軍人、新桂系首領，曾任中華民國副總統。李宗仁早年從廣西陸軍學堂畢業，曾當陸榮廷的部下，陸榮廷下台後轉投孫中山。一九二六年參加北伐戰爭，後支持蔣介石清黨。一九二九年帶領新桂系反蔣。李宗仁治下的廣西，與南京國民政府若即若離。一九三七年任第五戰區司令長官。一九三八年任國防最高委員會委員，同年帶領軍隊抗日，在台兒莊重擊日軍。一九四八年任中華民國副總統。後赴美，晚年返中國，一九六九年在北京逝世。有自傳《李宗仁回憶錄》。

176 白崇禧（一八九三—一九六六），字健生，廣西桂林人，民國高級軍人、著名戰術家，有「小諸葛」之稱。新桂系領袖之一。白崇禧早年出身保定軍校，曾參加辛亥革命，後任廣西軍參謀。北伐時任總司令部參謀長、東路軍總指揮，後先後任上海戒嚴司令、淞滬衛戍司令等職。一九二九年新桂系反蔣，白崇禧也有參與。抗戰時歷任軍事委員會訓練處長。一九六六年在台北逝世。有自傳《白崇禧先生訪問紀錄》。

177 黃紹竑（一八九五—一九六六），字季寬，廣西容縣人，新桂系領袖之一。

178 黃旭初（一八九二—一九七五），廣西容縣人，民國高級軍人、新桂系領袖之一。黃旭初早年在廣西讀軍校，後入保定軍校，再赴日。他在國民革命軍時期在第七軍長黃紹雄之下任師長。一九二九年新桂系反蔣，黃旭初留守廣西。一九三一年任廣西省主席。後任重慶西南經濟建設委員會委員。一九七五年逝於香港。

179 黃慕松（一八八四—一九三七），又名承恩，廣東梅縣人，民國廣東官員。早年入讀汕頭嶺東同文學堂，後入廣東武備學堂，畢業後赴日，進日本陸軍士官學校，第六期工兵科畢業。返國後任廣東黃埔陸軍小學教官和監督。一九一一年武昌起義後任民軍參謀長。以後歷任國防考察委員、軍事研究專員、軍務善後委員會委員、陸軍第三師師長、新疆宣慰使和廣東省政府委員兼省政府主席。一九三七年病逝於廣州。

180 陳公哲（一八九〇—一九六一），號哲公、靜廬等，廣東中山人，商人、官員、學者。陳公哲生於上海，曾就讀於上海守真書館、美國函授學校理化機械工程科。陳公哲是霍元甲主持之精武體操學校學員，後自營商業，當過國民政府的官員。一九三六年前往香港。一九六一年在香港逝世。重要著作有《香港指南》和《白首青春集》等。

（十七）

辦妥一切後，適遇七七蘆溝橋事發生，約同李福林同志赴港，乘比亞士總統輪船赴滬轉京，請纓殺敵。船抵吳淞口時敵人已在上海肆虐，全長江戒嚴，被敵人佔據兩岸邊，不准船舶來往。該總統輪船乃美國商船，由美國領事館向敵軍交涉，將駁輪亞力山打號篷頂及兩傍裝置美國旗作標記，方得駛出吳淞口。輪船[181]由吳淞口駛入三馬路外灘新關碼頭，沿途則有敵人兵艦數艘輪流炮擊，向江灣市政府一帶轟擊。余與李福林同志登陸後，先至四馬路杏花樓休息，然後跟隨李福林同志回他坐落法租界辣斐德路六十號公館駐紮，打聽入京路線。查當時上海北站均被敵人炸毀，不能通車，南市和浦東成為戰場。住了數天，李同志與余入京心切，双方四出找尋去路，余每日均出外，視察回來，將情況向李同志報告，斯時敵機在華界飛來飛去，敵炮不分晝夜不停的轟擊，英、美、法租界靠近華界之路口，均設有沙包堡壘及兵士架起機關槍防守，大世界遊樂場面前十字路口，敵機投下一炸彈，炸成一大穴，深約七英呎，闊約十英呎，行人及附近死傷多人。

余個性好奇，每日出外均到先施、永安兩公司探聽消息。世侄李烈志與伊夫人鄭敏思住於大東飯店，余每日多在他房間談天，常由李夫人用火水爐在房內煲飯和煮食物招呼。上海市公安局長為蔡勁軍[182]知李福林同志來滬，派員到李公館訪問，知我們預備赴京請纓，心急向祥生公司取得一汽車給我們首途。趙士北君知我們赴京，亦要求搭車齊去。開車時先經南市過紹興轉蘇州，在蘇州住花園飯店，原欲過一夜，翌晨搭火車赴京。翌晨起行去車站時，幸知會車伕候我們乘搭之火車開了行時才好駛車回上海，到站時因將車輛調動軍隊抗戰，客車開行期無定，且敵機在站上巡迴示威，迫不得要回覓汽車沿京滬公路入京。抵宜興時，已下午一時，在宜興午膳畢，加入汽油再動程，抵湯山時已四時許，六時抵京，住中央飯店。翌日報到，晉謁蔣委員長，將來意告及，請纓殺敵，因軍事倥傯，談話不多，另日再談，辭出，仍留中央飯店之房，聽候消息。夜間則住陵園馬湘同志家內，居住數天，因馬湘夫人由鄉間回京，遷往馬超俊同志公館居住。因在馬公館居住，馬同志招待殷勤，余嫌過於騷擾，且來往跋涉多不便，祇有任由李福林同志留宿，余一人留住中央飯店。

當時中央飯店住客恐空襲，多數遷往樓下，二樓全層僅開得兩、三房間，其中有兩房係空軍人員居住耳。因早兩天有敵機投彈於考試院門前，將門外牌坊炸毀，故住客咸有戒心。有一天午夜，中央飯店二樓住客祇得余一人及侍役二人。敵機入市空襲，余已經熟睡，初不欲下樓，絕不理會。敵機愈來愈多，我機與他在空中交戰，侍役邀余下樓，余下樓後跑出門外鐵閘邊一望并兩便一看，入回飯店。敵機投彈白虎塘（近立法院），隆然一聲，中央飯店全樓被震搖蕩。敵機離市，余即跑出參觀，見中央飯店左手橋頭兩人力車連車伕不翼而飛去，行近見路傍之樹木拔起，●電油之油機亦毀爛，再跑到白虎塘參觀，見該處附近屋宇炸毀數間，人體血肉橫飛樹上，被炸斷一人手懸於樹枝。觀此慘狀，切齒痛心，市民無辜傷殘，若此憤恨之至，心願請纓准可，不論如何犧牲，殺盡敵人為國家復仇。

過了一天，蔣介石同志約李福林同志會見，承囑中央現設一公債委員會，由宋子文同志負責辦理，爾等港澳情形熟悉，欲做救國工作幫助勸募救國公債，亦是請纓殺敵一樣。李福林同志謁蔣介石同志後，回中央飯店將蔣介石同志情形說出。我們走訪宋氏接洽妥當，獲得要領後，準備去下關候船赴漢轉粵，購妥船票登輪，經九江、安慶抵達漢口，住了兩天，乘粵漢鐵路，車經長沙、坪石、韶關而至廣州。在車站等候者有李福林同志之弟李●圃等，同車齊回有馬湘夫人及子女多人，由李福林同志招呼他們在李公館居住。

抵廣州後，逗留數天，余與李福林同志一齊過港，召集各界進行勸募公債事。第一次香港假座華商俱樂部開會，參加者有周壽臣[183]等數十人，極為踴躍，先由李福林同志將來京受命情形報告後，由余詳細補述一番，并請旅港各界分任工作，策劃進行。

過幾天，李福林同志與余同赴澳門，先訪澳門商會主席范潔朋[184]、高可寧[185]、畢侶儉等接洽，佈置勸募工作，假座澳門商會開會，由該會主席范潔朋領導行禮如儀畢，亦由李福林同志將來京受命情形報告，後由余詳細補述一番，繼由畢侶儉、高可寧相繼演説，席上各界極為踴躍。

註釋：

181 編者按，原文作「乘客」，應為「輪船」。

182 蔡勁軍（一九〇〇—一九八八），字香泉，廣東萬寧人，軍人。

183 周壽臣（Sir Shouson Chow，一八六一—一九五九），名長齡，字壽臣，以字行，廣東寶安人，生於香港，晚清高級官員、香港名流、香港富商。清廷在一八七四年派周壽臣等兒童赴美留學，周壽臣在一八八一年返國前在哥倫比亞大學讀書。回國後初在朝鮮幫辦海關税務。一八九四年任署理朝鮮仁川領事。一九〇三年袁世凱委為天津招商局總辦。一九〇九年任錦新營口分巡兵備道兼山海關監督。一九二二年為香港潔淨局局紳，稍後為香港定例局議員。另外，周壽臣是南洋兄弟煙草公司和香港電話公司等主席。一九五九年在香港逝世。

184 范潔朋（一八八〇—？），廣東南海人，香港、澳門富商，曾任澳門商會主席、鏡湖醫院主席、香港華商總會值理等職。

185 高可寧（一八七八—一九五五），廣東番禺人，澳門著名賭商，也在澳門和香港經營當舖生意。

（十八）

為勸募救國公債事，余與李福林同志不斷的來往省、港、澳間，被敵人額外注意。有一天余與范潔朋君在香港德輔道中皇后酒家二樓品茗，研究澳門方面勸募方法和各界擔銷的力量，被間諜瞥見，茗畢各自回去。間諜追跡到范潔朋君店內，向范君偽稱有華僑由海外歸來，欲組織義勇軍助政府抗戰，乏人領導，欲找一位軍事前輩及有聲望出而擔任不易，擬請李福林將軍出而領導，請范君幫忙疏通，未知李將軍同情否？但對於經濟絕無問題，總求李將軍能負起重責，則華僑方面當然踴躍捐資，以成美舉等詞。范君本屬商人，對軍事和政治不甚明瞭，頭腦簡單且空空洞洞，絕不懷疑其他，將該間諜所説之話到來訪余詳及。余當時因未見過該人，祇有對范君曰：「既有如此熱心華僑肯出錢出力做救國工作，當然接受，請轉知友人稍候，待余將爾所説情形向李將軍徵求意見，李將軍如何表示，然後定奪。」

余遂將情形向李將軍充説明。李將軍以余將范君美意轉達，甚為欣喜，着余往訪范君，轉知該友人約時相敍研究辦法。范君將余意轉達前途後，據覆稱，訂明晚在大同酒家弍樓會談，約妥隔數小時，接到范君送來宴會請柬，余與李福林同志依柬時間、地點赴席，席間主人所談與范君所談大致相同，是晚因初次見面，多屬客氣話，該主人尚未露出真情，祇有請李將軍負責組織義勇軍幹救國工作。余乃參加些意見，云組織軍隊非易，需款甚鉅，且要相當時間訓練方能成軍，非一朝一夕可辦到。該主人答曰：「是，財政不成問題，總求爾兩位能負起此責，經濟方面由本人設法躊躇。」酒過數巡，賓主盡歡而散，臨別時李將軍對范君及主人曰：「過二日我們約叙再談。」説畢，分頭而去。時已午夜十一時，余與李將軍各自回家休息。

翌日下午余到李將軍公館與李福林同志再談昨晚經過。李將軍囑往訪范君，該主人共有華僑若干人，請他開列姓名發柬請宴後，請范君將名單列好送來，依名單先在大同酒家訂座發柬邀宴。是日時至八點，余與李將軍及余乃仁三人同由般含道李公館齊乘汽車先到大同酒家，被邀之客及范君繼續而至，其中有二客係講國語，不懂廣東話，倘屬華僑，很少不是廣東人。有一位內穿西裝恤衫及西裝褲，外蓋新縫絲綢長衫，尚有行針之線未脫，腳踏之鞋乃即買即用，鞋底尚未齷齪，被余窺破他的動作，令余思疑。在席上所談與第一次席間之話，很有出入，顯出漢奸模樣。酒過數巡，賓主盡歡而散，臨別數客人詢李福林同志住居何處，李福林同志為人忠厚，率直照告，余則支吾以對。數客人曰，明日踵府拜候，李同志允之。離大同酒家時，余認為數客人態度莫測，決意不回吾家（因余居住九龍），跟隨李同志與余乃仁三人同乘汽車齊回李同志公館過夜，并斟酌應付此數客人計劃。

回到李公館時，李同志則入內室更換衣服。余與余乃仁君兩人另在一室談話和互相猜數客人行動和宗旨，兩人雖猜，互相不肯說出，結果互相用紙筆暗書而猜，余乃仁君書曰：「間諜」，余則書曰「漢奸」，將紙揭曉後，互相談笑。李同志在內室聽聞我們笑得很高興，大聲邀我們兩人入內傾談，李同志問曰：「你們知他們是何處華僑否？」余即拈出剛才兩人所猜之字給李同志觀看，李同志即起恐慌態狀。余對他曰：「知而防範不怕，最怕不知受他誘惑耳。」李同志遂向余曰：「你有何計劃？」余曰：「即去電將實情報告蔣委員長，請示辦法，若蔣委員長接受，則與伊等週旋，若不贊成則作罷論。」

李同志依余主張，即約伊戚林君，翌日到談，將經過詳述，託伊戚林君去電蔣委員長，一方面則由余走告范君，偽稱李同志因家事去了省垣，請他轉知該友人改日聽候李同志返港再談，暫時敷衍，免使他等到來李公館，難於招呼。靜候蔣委員長消息，覆電如何辦理。迨後得到蔣委員長佳音，允許作偽，繼續向他敷衍。因我政府訂購到外國軍械，須賴●●運來接濟前方，目的志在延長時間，勿在短期內攻打廣州。又得戴笠[186]即雨農同志多派黃文魂同志協助此事。余等將一切經過和敷衍詳細情形向黃同志密告，并由李同志介紹黃同志直接與漢奸談話，查出敵人的險陰和欲謀奪廣州詭計，并偽造辦法如何舉兵攻打廣州，如何佔領各地，製成假計劃。週旋數月，均屬敷衍，他方認以為真，雙方均訂有舉兵日期，製成新地圖，設計侵略方略。

他送來大量香港鈔票，余等拒不收受，更堅他們的信仰。

敷衍了四閱月，所偽約舉兵日期在邇，李同志邀余往訪第四集團軍總司令余漢謀[187]，將實情報告，得余總司令約李同志與余兩人在東山退思園談話，將真情吐露，但逾期一兵不動，也無消息，顯現黃同志仍勇敢向前，再向敵方斡旋，跑到敵處佯稱，說明因時機阻礙，恐有泄漏，提出展期，稍緩時日，結果又延多半月。迨後黃同志恐被敵人知穿，不敢再去訪尋，諒敵方已知受欺騙。黃同志稱敵方對他說，若該事斡旋不好，經手者均受日本天皇處分，要受割肚死刑云。余等之目的雖未完滿達到，未曾得到他的軍械和物資，但延長時間數閱月，使我政府留港之軍械多已運回接濟前方，供給抗戰不無小補也。事後廣東省政府主席吳鐵城、廣東財政廳長曾養甫[188]、第四集團軍副總司令香翰屏[189]先後到河南大塘鄉厚德園拜訪李福林同志，查詢該事及與敵人接洽做假漢奸之經過。除由李同志口述外，其中有由余經手斡旋者，詳加補述。因當時為避免敵人威脅，余在李同志厚德園之小屋居住也。該事作辦了後，余與李福林同志齊去漢口向蔣委員長報告，蒙委任余為軍事委員會參議，未幾奉國民政府命，給李福林同志青天白日章，給余四等寶鼎勳章。

到漢口時，余與李同志齊往訪汪精衛於一德街九號二樓。他夫婦知我們到來拜訪，非常高興，親自跑到樓梯迎接。汪則双手拖住李之手，對向登樓。陳璧君[190]之右手搭住余的肩部，亦同齊登樓。因他們知我們幹出這事，歡喜若狂，齊入客廳中坐下。汪廳牆懸有一中華民國地圖，圖角則有台灣、日本地形刊載。汪拈一雞毛掃，將圖解說，指出中華民國這樣大，日本這樣小；中華民國為大缸水，日本如湯羹，有何方法日本將中國侵吞為譬喻，詳說一番，并讚說我們這次所幹假漢奸欺騙敵人，好過帶十萬精兵在前方作戰等語。說畢，約我兩人即晚到食晚飯，略談數分鐘，我們辭出。是晚依時赴汪公館之宴，計同席者有陳喜甫、陳樹人、朱步雲、張向華[191]、陳公博[192]等。席間談話，多講做假漢奸欺騙敵人話。各位均向我們讚許，歌功頌德耳。

註釋：

186 戴笠（一八九七—一九四六），本名春風，字雨農，浙江江山人，國民黨特務頭子。戴笠十一歲進仙霞小學。一九一一年入江山縣立文溪書院，後入浙江省立第一中學。一九二六年春考入黃埔陸軍學校第五期入伍生隊，後轉入軍校第六期騎兵科。一九三二年任三民主義力行社特務處處長，後為國民政府軍事委員會調查統計局第二處處長。以後歷任財政部緝私署署長和軍事委員會調查統計局局長。一九四六年墜機身亡。

187 余漢謀（一八九六—一九八一），字握奇，廣東高要人，民國高級軍人，曾任陸軍總司令。余漢謀早年是陳濟棠部下。

一九三六年任第四路軍總司令。一九四〇年為第四戰區司令長官。一九八一年在台北逝世。

188 曾養甫（一八九八—一九六九），原名憲浩，字養甫，以字行，廣東平遠人，民國官員。曾養甫早年入北洋大學礦冶科學習，一九二三年赴匹茲堡大學，專攻採礦冶金學，獲碩士學位。返回廣州後在廣東革命政府兵工廠實驗室當籌備處主任。曾養甫甚得蔣介石之信任，一九二七年後歷任後方總政治部主任、中央黨務學校副主任、廣東省政府委員兼廣州市市長等職。一九六九年在香港逝世。

189 香翰屏（一八九〇—一九七八），號墨林，廣東合浦人，以軍人精書法，故有「儒將」之稱。香翰屏出身廣東護國第五軍軍官講習所，初任軍艦書記，後歷任第四路副司令、廣州警備司令等職。一九四九年舉家遷港，一九七八年在香港逝世。

190 陳璧君（一八九一—一九五九），廣東新會人，汪精衛妻子。

191 張發奎（一八九六—一九八〇），字向華，廣東始興人，民國著名軍人，北伐時期所領第四軍大敗吳佩孚部，故有「鐵軍」之稱。張發奎出身武昌陸軍軍官學校，歷任武漢衛戍副司令等職，後投向汪精衛陣營，一九二七年張發奎與黃琪翔發動政變，圖驅逐新桂系軍人和擁立汪精衛。政變失敗後，張發奎逃到日本。回國以後參與多場反蔣戰爭。抗戰時任第四戰區司令長官。一九四九年定居香港。一九八〇年病逝於香港。

192 陳公博（一八九二—一九四六），在廣東南海出生，政治家、國民黨理論家、汪精衛親信，汪精衛死後任南京國民政府主席。陳公博早年自廣州法政專門學校畢業。一九一七年進北京大學，專攻哲學。在一九二〇年至一九二一年期間加入中國共產黨。一九二二年退黨及往哥倫比亞大學進修經濟學。一九二五年返廣州，加入國民黨，歷任廣東國民政府農工廳長、國民黨中央組織部長等。寧漢分裂時支持在武漢的汪精衛。一九二八年創辦《革命評論》，批判蔣介石的統治，同年組織改組同志會，主張國民黨改組。一九二九年與顧孟餘和潘雲超等創辦《民心週報》。一九三一年為實業部長。一九四〇年參與汪精衛國民政府，最先接替被刺殺的傅宗耀任上海市長。汪精衛死後接任政府主席。一九四六年被處決。重要著作有《中國國民黨所代表的是什麼？》等。

（十九）

迨後廣州受敵人威脅，日增嚴重，余總司令漢謀、香副總司令翰屏，有欲李福林同志出任工作，擔任組織游擊隊。李同志接受任命後，即召集舊部，由各人持槍到來收編，由總司令部發給子彈，設辦事處於佛山，鄧彥華等協助之。余則以友誼的幫助，負責對外工作，隊部僅成，廣州方面已告危急。查敵人已向博羅、增城推進，廣州市竟淪陷敵手，佛山同時亦受包圍，李福林同志由佛山跑到四邑屬之長沙，轉陽江，過梅箓，直達廣州灣，然後轉船赴香港。余因負責對外工作，到廣州市領取子彈，緊張時跑至河南，由黴教場僱艇開街，搭碧江河渡去碧江，即轉大良，由順德跑至中山，過澳到香港。查是役李福林同志損失很大，他將自藏之駁殼槍叁佰餘桿及其他槍炮拈出，組織隊伍，因隊兵衝散，均遭損失。敵人進駐廣州市後，查悉余與李同志兩人住址，將我們兩人之屋內傢俬什物毀滅一空，中山淪陷後又將余私人住宅駐兵復他私仇。

廣州淪陷後，余與李同志均留香港。數月後，李同志接中央黨部在武昌開會，余亦與李同志齊去漢口訪行政院長孔祥熙。余對李同志説余非軍事家，身為軍事委員參議，實不稱職，欲辭不幹。李同志向蔣委員長談及，改委僑務委員。晤孔祥熙同志時，他亦有說出。未幾行政院會議通過委任余為僑務委員會委員兼常務委員，呈請國民政府發委事令，即赴會就職，留會辦事。

未幾武漢又告緊張，余則乘飛機跑去香港。武漢淪陷後，余又由香港乘飛機去重慶。汪氏艷電發出，余覺得很奇。余住青年會，僑委會與青年會對門，每日均依時赴辦公廳辦公，因交通關係，公事不多，公餘多與陳委員長樹人談天，談到此事，余總不明汪氏真相，因汪在漢口請我們食飯時講到中日問題，講得落花流水，余心裡推測他的態度未必這麼快變志。余對陳委員長樹人曰：「此間工作不多，十分清閒，余欲赴昆明一行。」陳樞同情并曰：「往該處視察及聯絡僑胞不錯。」購妥機票起行，抵達昆明時，往訪各舊友知交如楊坤如、廖行超、楊希閔、范石生、劉震寰諸好友均在。知汪氏在昆明住了多天，離開未久，乘飛機赴了河內。探詢劉震寰同志，略知他留昆明與各方接洽經過。斯時余欲自告奮勇去河內找他勸諫，因多日無飛機班期，後閱報得悉曾仲鳴[193]被刺案發生，汪氏走了去上海，余的志願作罷。

註釋：

193　曾仲鳴（一八九六—一九三九），福建閩侯人，早年留學法國，汪精衛親信，歷任中央政治會議秘書長等職。一九三九年被誤刺斃命。

（二十）

余逗留昆明一月赴香港去幹救國工作，如●節勞軍、傷兵之友、七七獻金、勸募救國公債、寒衣運動等。中國國民黨港澳湛[194]總支部中央黨部派吳鐵城同志為主任委員，蒙委、吳公屬、許國銓、許爾功及余等五人為香港支部委員。余本人好動，且歷在香港經營商業，對各方面講話，不論工、商、學、政各界，比較容易，故每於籌款，均不下於人，成績最佳。「傷兵之友」名列冠軍。在數年當中，領導各工團，凡屬工會社團開幕及成立典禮、職員就職，逢請必到；監誓及演講，鼓勵群眾，促進救國工作。每逢星期一僑校舉行總理紀念週請去演講必去，甚至一日兩處或三處演講，均赴會參加，宣達黨義，誘掖青年，數年如一日，并聯合譚進君合作舉辦難民免費學校，由兩間起開至十一間，計日校兩間、夜校九間，均係自解私囊，未有向外間捐款，為國家培育人才。

民國卅年十二月敵人侵港，炮聲隆隆，人心惶惶，商店多有關門閉戶，尤以米店停業，僑胞恐慌無狀，尤其是下級社會人士及勞動界，以工博食，全靠工資度活，無隔宿之糧。留港僑胞均屬黃帝子孫，不忍坐視，遂約譚進君磋商，向外借款，得香港政府准許購米發售，接濟貧民，在槍林彈雨之中冒險斡旋，而維民食，辦了數天，成績極佳，再欲繼續購米發售，因風聲緊急，難於出倉，遂將沽剩之米向貧民及無食者散賑。譚進君與余次男頌剛[195]奔走調查，不幸十二月廿二日在跑馬地山村道中敵彈身亡。（次男頌剛乃中山大學法科畢業生，平時嗜好為社會及人群服務。在培正中學肄業時代兼該校貧民義學免費教員。精於攝影，長沙大戰曾赴戰場攝得珍品多幀，曾在香港、九龍兩青年會陳列展覽，每會數天，博得社會各界好評。）余為僑胞服務，損失次男頌剛尤少，國家遺失一人才尚大。

自次男中彈身亡後，內人愛子情切，痛哭流涕，飲泣致疾。斯時市面秩序非常零亂，遍地皆屍，舟車停駛，覓調理乃非容易，家中幼子成群繞膝啼悲，遭此打擊，慘不堪言。十二月廿五日，香港政府投降，淪陷敵手，進退維谷，若拋棄妻子不顧，於心何忍，迫要躲避於德輔道中太平保險公司（即金城銀行）閣樓。十二月廿七日，有許祥忠（又名許夫）到找，初則口甜舌滑，欲誘出作傀儡後，觀余宗旨堅定，脅迫登報及刊發傳單歡迎敵軍及聯絡工團聯名通電反對國民政府，拿出稿件交余觀閱，余始終不肯。許氏向余諸多恐嚇，余斯時寧死不從。他對余曰，你過去在港工作，評擊日人，人所共知，你經營之《國華日報》及《晚報》常罵日本罪惡貫盈，若全無表示，恐敵軍置你於死地等詞。余仍然鎮靜，惟有低首，暗中祈禱，倚賴上帝。隔數分鐘，許氏觀此情形，知余難於就範，他曰：「爾可選出一登報稿件。」余答曰：「余無登報之必要。」他發怒曰：「不論如何造詞，總要登之，寧願由你本人起草。」起好第一次稿，他曰不合，大改特改，改得確不成文。再擬第二次稿給他觀看，他稍滿意，事告寢息。觀他來意，非如此簡單，實欲余就範於他，但見難於入手，姑且要求一登告白，藉挽面子。告白稿訂妥後，余遂下樓與譚進君商量，徵求他同意聯名而登。因譚進君香港未告淪陷之前兩天，他來到太平保險公司見余，余留他在公司避難，勿外出免遭危險。該告白乃在《自然》、《華僑》兩日報十二月廿八、廿九兩日登出，文曰：「譚進、王棠敬告僑胞，我等昨巡視上、中環、西營盤、荷李活道等街道，秩序良好，頗覺安靖。凡我僑胞商店應即復業，以維市況，莫自虛驚，致遭損失，工友們亦請安分復職為盼。」

卅一年一月一日，敵人荷槍到新英明照相館搜查，將攝影鏡頭拈去，并將店●虐待，拳打腳踢。店●尋著余回去維持，僅甫入門半句鐘，被西地區憲兵拘去扣押於遮打道別發書店二樓，扣留了四句鐘，有曹長出而問話抄錄。先問留港工作情形，畢，放回。

一月七日，又有憲兵到店，着去大東酒店二樓問話，有武裝士兵押往，來意非佳。到時幸在座多人均香港商界領袖，見余向各位點首及握手，憲兵見狀，着余與商界合作，勸導商人復業，當時姑且允之。各人均起程赴商會開會，余則藉此機會，擺脫回家。

一月十日，興亞機關派人到邀去問話，店中各●觀狀，認為必被扣留，因查已被扣留者多人。到步時由坂田誠盛問話，他手中拿有余本人履歷表及在香港工作情形，說明他所問乃非重要注意，着余補入黨時及在美洲與孫先生合作辦黨經過、民國元年第一任臨時大總統期間情形，詢畢勸余出而與敵人合作。他稱本人主張和平，詢余肯出任幹講和否？余答曰：「講和平余極贊成，恐人微言輕，聲望不敷，最好另選高名賢達者，如不嫌鄙絀及才疏學淺，必要時惟有遵命，但能否達目的不敢斷言。」談了半句鐘，興辭而出。他知余對香港情形相當熟悉，託代買煙仔盒及自來墨水筆及影相材料多次，查詢各人住址，始終未有告及，祗曰不知。伍鴻南、余榮兩同志先後到來訪余，余勸他們急離香港。

是年五月余來廣州灣，函達僑委會兩次，要求陳委員長樹人請將欠薪匯下及借給來渝旅費，久候均無答覆。斯時囊空如洗，調查得廣州灣赴渝路徑，最低需款大洋陸仟餘元，回港躊躇不獲[196]。返港時知王泉笙[197]同志已由興亞機關出來，住於文咸東街淘化大同公司[198]，即往訪斟離開虎口，并介紹與董光炳君相識，互相研究密商離港計劃，彼此均同一心，非急離不可。由董光炳夫婦先離港來廣州灣，余則繼其後。

註釋：

194 編者按，原文作「灣」，疑為「湛」。

195 王頌剛（?—一九四一），廣東中山人，王棠次子。

196 編者按，王棠這段回憶或有誤。在淪陷時期，離港固然困難，但離港後再返回也非易事。

197 王泉笙（一八八六—一九五六），字逢源，號梵庵，福建惠安人，一九〇六年加入中國同盟會。長期在菲律賓從事國民黨黨部和教育工作。一九三五年獲選為國民黨第五屆中央執行委員。

198 編者按，原文作「大同淘化公司」，應為「淘化大同公司」。

（二十一）

余抵灣，知中央黨部吳秘書長有美元匯到給王泉笙同志，余則尚未見僑委會有款匯來，望眼將穿，不獨無款匯來，也無音訊消息，斯時極為焦慮。惟有去函香港催促王泉笙同志快來，詎料十二月十八日，遂溪縣《大光報》粵南版登載國民政府命令將余[redacted]給之寶鼎勳章褫奪。未幾王泉笙同志抵埗。余欲與王同志齊行赴渝，商之王同志。根據王同志稱有此褫奪勳章情形，等待本人抵渝後，查明真相然後函覆即來。不料王同志去後不及一月，敵軍進駐廣州灣，雙方不能來往函件。

福祿壽飯店正在需人助理生意，承各股東命，暫留灣協助生意進行。未幾，誼親姚漢興君與李洛甫君合作，承頂得大新飯店，改為大新合記酒家，要余協助。余佔股壹萬元，即設法沽了打字機及衣服，僅得柒仟元，隨交姚漢興君彙繳股本，尚欠叁仟元，由姚君補足。（因頂手大新飯店時有些佣金之故）卅二年三月間，姚漢興君承頂到木喬街四五六飯店，改為問心樓，余亦協助。開業前，余將西裝大褸及照相紙沽出得款四仟元，交與姚漢興君收作問心樓股份。開業後，生意頗佳。事隔半年，姚君向余稱問心樓不欲外人入股，擬為他一人作全東幹之。講後未見將股款交還。大新酒家初開得範圍太闊，開銷至鉅，又因敵軍進駐廣州灣後，各界紛紛向內地去，人口漸少，生意陸續零落，經營不及五閱月，資本虧缺奇重，各股東主張收盤出頂與人。斯時市況極劣，覓人承受不易。李洛甫君負擔附項關係，將全盤訂一底價與李君作填抵附項後，由吳新等再組織小本經營，邀余參加，與李洛甫君租出傢俬什物鋪底（作買檯式），縮小範圍，繼續營業，幹至卅三年六月二日晚，赤坎市區被空襲投彈，同樂戲院即國際舞廳被投彈一枚，炸毀建築物，并死傷數十人。因國際舞廳與大新酒家對面被波及，大新瓦面震爛，門面玻璃盡碎，碗碟、磁器、酒毀去甚重，大新損失極鉅。

炸後該街來往者稀少，入夜無人經過，生意全被影響，門堪羅雀。吳新等各股友主張停辦不幹，以免再受損失。後由余再與李洛甫研究，設法維持，先作買檯式，每日傢俬什物鋪租在內，大洋式仟柒佰餘元，訂明合約，若余方有力量，六個月內隨時交足玖萬元，有權全盤承頂。即將辦法與姚漢興君斟酌，互相談至滿意，但要徵求姚婿鄺秀章君肯負起全責，則照履行結果，同意交訂立約。由六月十七日，即舊曆四月廿七起租，即僱匠裝修。六月廿七日，即舊曆五月初七晚，由余約姚漢興夫婦、鄺秀章君等在陶然亭二樓食晚飯斟酌用人和營業主旨。七月一日，即舊曆五月十一開始營業。七月六日下午，余到牛皮街姚寓，商量各●薪金，訂余為司理，月薪壹仟伍佰元；姚漢興君為總經理，月薪壹仟伍佰元；鄺秀章君為負廚兼買手及打骰，月薪壹仟伍佰元。姚自稱本人有問心樓收益及其他收入，願將本人薪俸給余收受。當時大新酒家除姚君拈出一部份數萬之外，其餘多由余與姚與姚嫂向外間借貸，均以信用籌備而回，無所謂資本額也。姚漢興君訂妥薪俸後，并聲明該大新酒家分為十股，他日盈虧作十股計算。姚漢興佔四股、余佔四股、鄺秀章君佔壹股、周明君佔壹股。(周明乃點心師傅，初賴他負點心部專責，後意見不合辭職。)

是年九月四日，余五五壽辰并與姚漢興君之子本誠正式上契，結為誼父子，是晚賓朋滿座，勝友如雲，設筵拾壹桌於大新酒家，并有音樂助慶。十月間姚漢興君衿兄黃榮君，由澳來灣，從此有黃榮君協助大新酒家，余遂減輕工作。十月下旬，有高泰山君用益民公司名義投得赤坎市衛生捐街市稅檯位租約。聘鄭生君為副經理，招俊才君為稅捐主任，該公司總經理高泰山派人四出搜羅人才幫忙，余原不欲再出山做事業，埋名市隱，但高君再三要求，結果聘余當益民公司顧問兼總務，因此與招君成為同事。閒談中知招君說出擬將中國馬路三十二號自營故衣之興利行出頂與人，取頂費伍萬元。余詢他可否平點。他曰：「若你願承頂則減低五仟元，收實四萬伍仟元。」將招君所談轉告姚漢興君，同意，即與他成交。用該鋪位改名紅棉麵包餐室，從事裝修，由姚漢興君負責集股，冼子隆、徐國興、李少初等君亦佔有股本。舊曆十二月十五日開始營業，余因無現金，未有股份加入，祇盡誼友關係，負責幫忙對外工作。月中以檳什下欄及加一小帳一份，藉資彌補，自開業後，生意頗稱平穩。

余自兼益民公司顧問及總務後，月中收益比較前時略好。余向姚漢興君提出大新酒家所給之薪金兼領，姚君這份，願讓回姚君自享，不欲長叨人家的光，向姚君說明，他答曰：「此乃是本人誠意，若不要，反遭我不高興。」觀此情形，姑且受之。

民國卅四年三月赤坎游泳場欲整理開業，該場主任江卓舟君欲姚君接辦場內食品部。姚君得此消息，回來與余及鄺秀章君商量辦法。姚君主張余與鄺秀章君同往南華酒店一一二號房與江卓舟接洽，結果成功，佈置開業。經營月餘，飛機時來空襲，在附近投下一彈，震動場內，碗碟、杯、酒等毀爛一批，顧客疏散，牽累停業。六月七日，因閒談余與姚漢興君談到前交問心樓的股本四仟元如何着落？姚答曰當時交大新股份不敷，將此款撥入等語。

查大新開業時與問心樓開業相差三閱月，大新在問心樓之先，交股款亦在先，但姚漢興君記憶性弱，彼此親戚，全不與較，惟有啞忍，寧願吃虧，若斤斤辯駁，誠恐有失感情耳。

是年八月廿六日乃余五六生辰，事前由誼男姚本誠、黃雄領銜柬請各知交及親戚茶會，以資慶祝。柬文：「誼父王公棠自幼追隨總理參加革命，垂四十年，對黨國貢獻殊多。歷充軍政要職，自香港淪陷，避地廣州灣，子孫眾多，均未隨來。抵灣後專心辦理本人出品，並得友人之助，開設食品店數家，辛苦經營三年如一日，所有外間一切大小事務，概不聞問，祇有埋名市隱，不求聞達，以淡薄名志，而待最後勝利之來臨。大中華民國卅四年捌月廿六日乃誼父五六壽辰，適逢和平實現之時，薄海同歡之日，敬備茶會，恭請光臨。姚本誠、黃雄敬約。茶會設大新酒家二樓，下午二時起至四時止。奉誼父命，將酒席金弍萬元撥送寸金路中華基督教會購地建築福音堂、學校，聊盡棉薄。如各親友餽贈、賀禮，請惠現金，以便用送者名義將款轉送中華基督教會，一併撥充購地建堂，俾集腋成裘，共勷善舉，不勝厚幸。」計共得親友送來賀儀現款伍萬伍仟柒佰元，連酒席金合共柒萬伍仟柒佰元，盡送中華基督教會主席冼賢興、司庫曾伯華、主任牧師李法輝聯名簽署，發回收條存據。

參考書目（中文／日文）（以拼音排序）

天兒慧等編：《岩波現代中國事典》（東京：岩波書店，一九九九）

不著撰人：《曹善允博士追思錄》（香港：僑聲出版社，一九五六）

不著撰人：〈香港華商總會新陣容〉，《經濟導報》，一九四八年第七十九期，十三頁，收於《民國時期期刊全文資料庫（一九一一—一九四九）》。

不著撰人：《吳東啓先生訃告》（香港：吳東啓追悼會，一九三五）

岑學侶編：《民國梁燕孫先生士詒年譜》（台北：台灣商務印書館，一九七八）

陳紅民：《函電裏的人際關係與政治》（北京：三聯書店，二〇〇三）

陳公治喪處編：《陳公競存榮哀錄》（香港：陳公治喪處，一九三四）

陳予歡編：《黃埔軍校將帥錄》（廣州：廣州出版社，一九九八）

籌備處編：《伍梯雲先生追悼會紀念冊》（上海：伍梯雲先生追悼會籌備處，一九三四）

丁文江、趙豐田編：《梁啟超年譜長編》（上海：上海人民出版社，二〇〇九）

丁新豹：《香江有幸埋忠骨：長眠香港與辛亥革命有關的人物（增訂版）》（香港：三聯書店（香港）有限公司，二〇一二）

段雲章、沈曉敏編：《孫文與陳炯明史事編年（增訂本）》（廣州：廣東人民出版社，二〇一二）

傅秉常口述；沈雲龍訪問；謝文孫紀錄：《傅秉常先生訪問紀錄》（台北：中央研究院近代史研究所，一九九三）
廣州市政協文史資料研究委員會編：《南天歲月：陳濟棠主粵時期見聞實錄》（廣州：廣東人民出版社，一九八七）
郭卿友編：《中華民國時期軍政職官誌》（蘭州：甘肅人民出版社，一九九〇）
本庄比佐子、內山雅生、久保亨編：《興亞院と戰時中国調查：付刊行物所在目錄》（東京：岩波書店，二〇〇二）
胡根：《澳門早期博彩業》（香港：三聯書店（香港）有限公司，二〇一一）
賈士毅：《民國初年的幾任財政總長》（台北：傳記文學出版社，一九六七）
金曾澄：《澄宇齋詩存》（香港：出版社不詳，一九五八）
李福林口述；幕紀彭筆錄；李業宏整理：《李福林革命史料》（香港：文化教育出版社，一九九五）
李新等編：《中華民國史·人物傳》（北京：中華書局，二〇一一）
李星衢先生治喪處：《李星衢先生哀思錄》（香港：出版社不詳，一九五五）
李志毓：《驚弦：汪精衛的政治生涯》（香港：牛津大學出版社，二〇一四）
林亞杰主編：《廣東文史資料存稿選編》（廣州：廣東人民出版社，二〇〇五）
劉維開：〈《總理奉安紀念冊》及其作為史料的運用〉，見劉維開編：《影像近代中國》（台北：政大出版社，二〇一三），三十九至七十頁。
劉瑞滔編：《港粵澳名牧生平：第一集》（香港：中華基督徒送書會，一九七五）
劉智鵬：《香港華人菁英的冒起》（香港：中華書局（香港）有限公司，二〇一三）
呂芳上：《民國史論》（台北：台灣商務印書館，二〇一三）
野島剛；蘆荻譯：《最後的帝國軍人—蔣介石與白團》（台北：聯經出版事業股份有限公司，二〇一五）
東亞問題調查會編：《最新支那要人傳》（大阪：朝日新聞社，一九四一）
王業晉編；黃健敏、李寧整理：《李仙根日記・詩集》（北京：文物出版社，二〇〇六）
吳鐵城：《吳鐵城回憶錄》（台北：三民書局，一九六八）
吳醒濂編：《香港華人名人史略》（香港：五洲書局，一九三七）
徐友春主編：《民國人物大辭典（增訂本）》（石家莊：河北人民出版社，二〇〇七）
張金超：《伍朝樞與民國外交》（廣州：廣東人民出版社，二〇一五）
張志偉：《基督化與世俗化的掙扎：上海基督教青年會研究，一九〇〇—一九二二》（台北：國立台灣大學出版中心，二〇一〇）
鄭宏泰、周振威：《香港大老：周壽臣》（香港：三聯書店（香港）有限公司，二〇〇六）
追悼葉公蘭泉大會編：《葉公蘭泉紀念冊》（香港：追悼葉公蘭泉大會，一九四六）

參考書目（英文）

Braisted, William Reynolds, *Diplomats in Blue: U.S. Naval Officers in China, 1922-1933*, Gainesville: University Press of Florida, 2009.

Chung Po-yin Stephanie, *Chinese Business Groups in Hong Kong and Political Changes in South China, 1900-25*, London: Palgrave Macmillan, 1998.

Lary, Diana, *Region and Nation: The Kwangsi Clique in Chinese Politics, 1925-1937*, Cambridge: Cambridge University Press, 1974.

Tsu Jing, "Chinese Scripts, Codes, and Typewriting Machines", in Elman, Benjamin & Tsu Jing (ed.), *Science and Technology in Modern China, 1880s-1940s*, Leiden: Brill, 2014, pp.115-151.

Zanasi, Margherita, *Saving the Nation: Economic Modernity in Republican China*, Chicago: Chicago University Press, 2006.

《革命與我》原稿

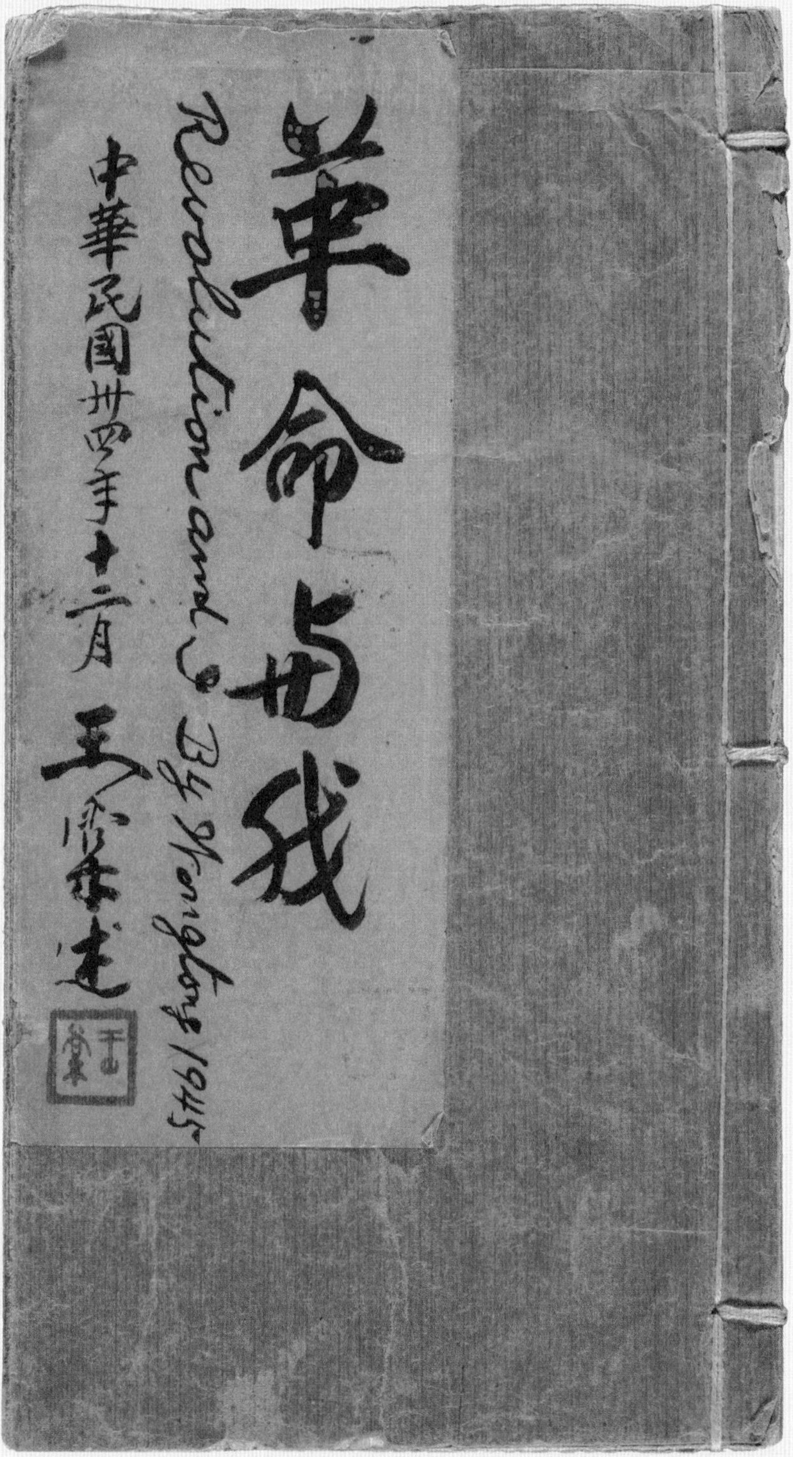
革命与我
Revolution and I
By Wonglong 1945
中華民國卅四年十二月

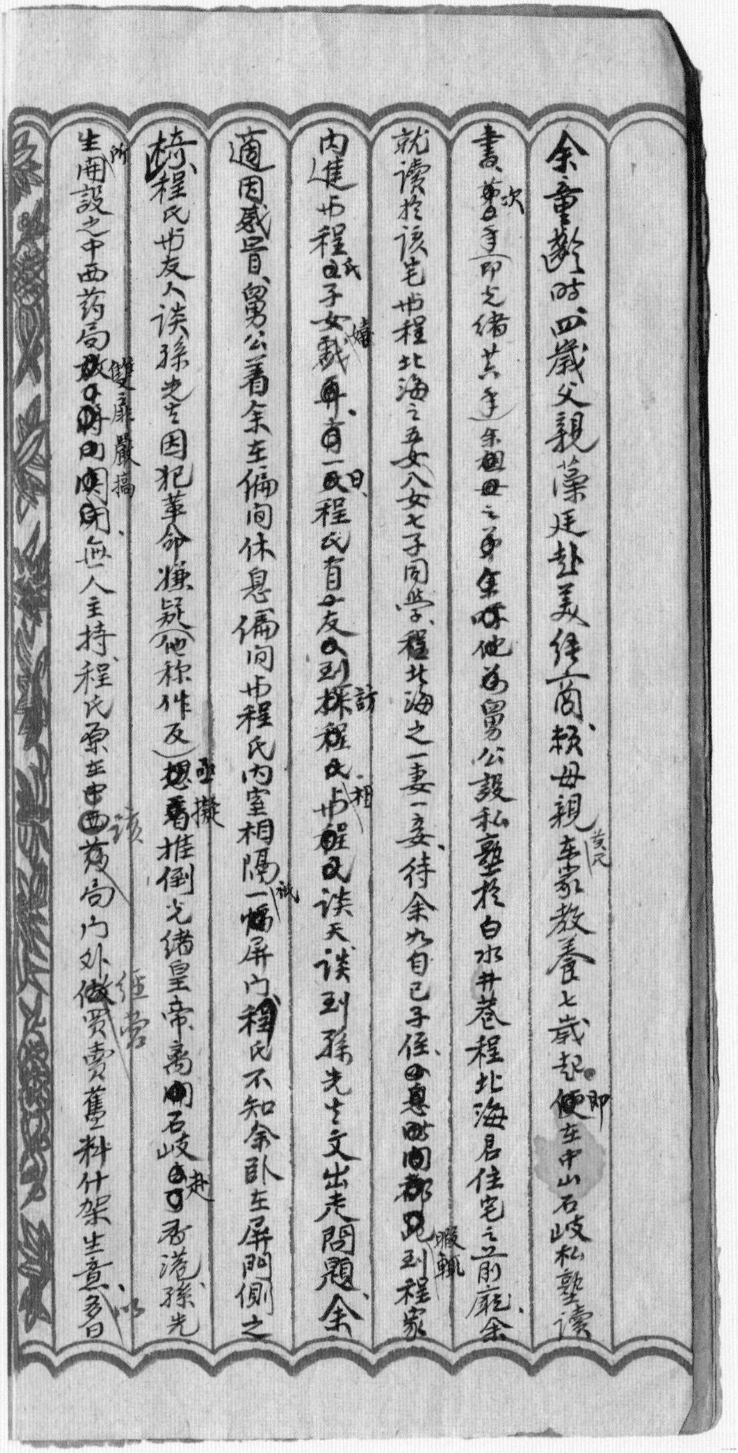
余童齡時四歲，父親藻廷赴美經商，賴母親（黃氏）在家教養，七歲起，即在中山石岐私塾讀
書，次年（即光緒廿六年）余祖母之弟余晴舫舅公設私塾於白水井巷程北海君住宅之前廳，余
就讀於該宅，與程北海之五女、八女、七子同學。程北海之一妻一妾，待余如自己子侄，因此閒暇輒到程家
內進與程氏子女嬉戲。有一日，程氏有友人到訪，程氏與相識談天，談到孫先生文出走問題，余
適因感冒，舅公着余在偏間休息。偏間與程氏內室相隔一織屏門，程氏不知余臥在屏門側之
椅，程氏與友人談孫先生因犯革命嫌疑（他稱作反），要想推倒光緒皇帝，離開石岐走香港，孫先
生所開設之中西藥局，致使藥局關閉，無人主持，程氏稟在中西藥局內外經營賣舊料什架生意，多日

未見開門營業，經查詢，原來中西药局鋪內，入內將店中什物執拾一番，一边鋪面則營蕉料生意，一边鋪面則營药品生意，擬候孫先生回來主持，盡賓主關係交還与他，但去了多時，音孫先生消息，無音訊回來。孫先生手製之药品，多已售罄，幸留下药方，程氏將他存方再購原料製成補元膏市，余靜中觀他兩人講得落花流水，滋滋有味，余也聽得很有興趣，惟尚未十分明白他講孫先生離開石岐出走原因，渾渾噩噩過了數載光陰，迨至十歲（即光緒廿年）入鴻棧米店學習生意，翌年（即光緒廿一年）轉入寶棧米店充當那櫃之職，生活比當學徒較為優閒矣，寶棧米店設在石岐鳳鳴街，由恒和菓欄、惠和菓欄對門。恒和菓欄乃先伯謙廷公當司理，為人謹慎守舊，陳雁声君當頭櫃，惠和菓欄係阮剛君當

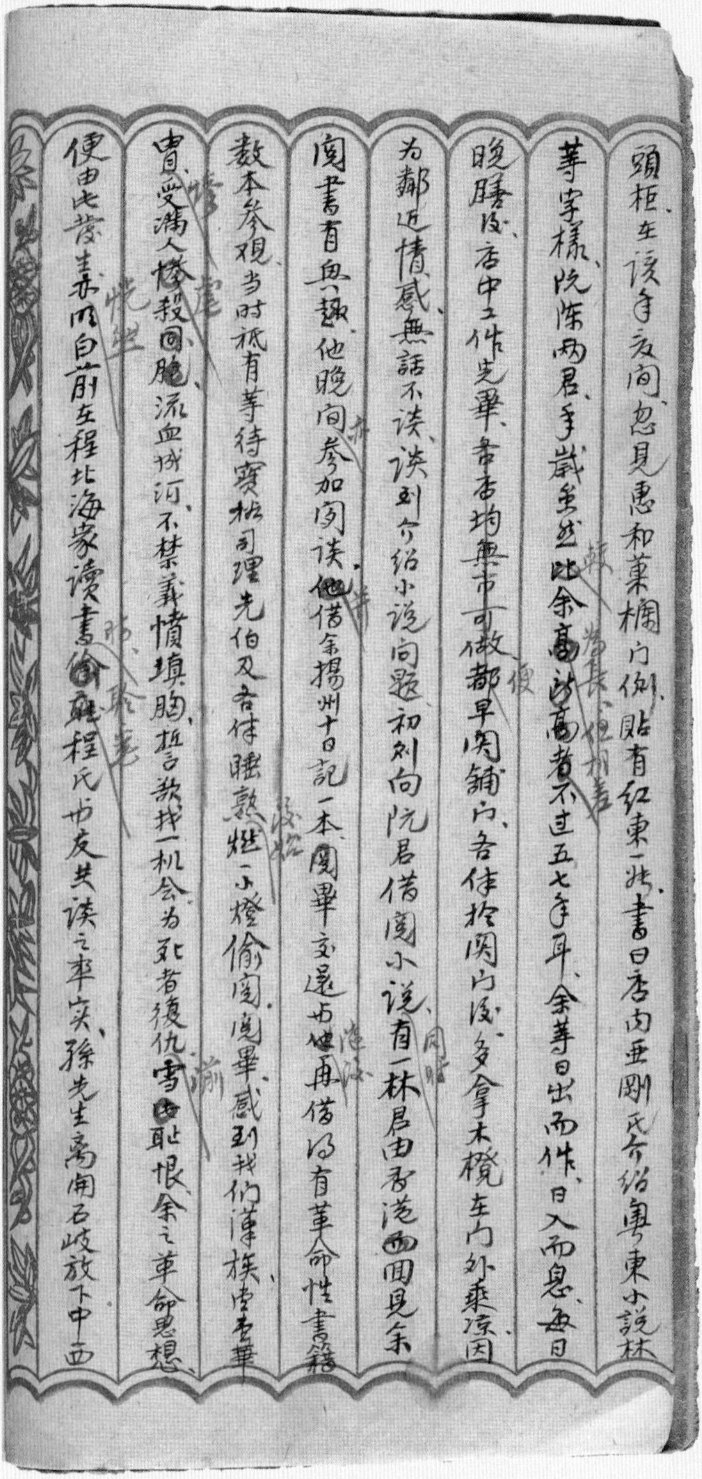
頭櫃左邊，年友向，忽見惠和菓欄門側，貼有紅柬一紙，書曰：店內亞剛氏介紹粵東小說林等字樣。阮、陳兩君，年歲雖然比余高，然高者不過五七年耳。余等日出而作，日入而息，每日晚膳後，店中工作完畢，各店均無市可做，都早閉舖門，各伴於閉門後，多拿木櫈在門外乘涼，因為鄰近，情感無話不談，談到介紹小說問題，初則向阮君借閱小說，有一林君由香港回，見余閱書有興趣，他晚向參加閱談，他借余揚州十日記一本，閱畢交還，他再借得有革命性書籍數本參觀，當時祇有等待寶枱司理先伯及各伴睡熟，燃小燈偷閱，閱畢感到我們漢族黃帝華胄，受滿人慘殺，同胞流血成河，不禁義憤填胸，誓欲找一機會為死者復仇，雪此恥恨。余之革命思想便由此發生。素亦聞自前在程北海家讀書，與程氏書友共談之事實，孫先生離開石岐放下中西

為両的緣故，先父藻見公經商於美洲，目覩清政腐敗，亟欲為南北寺剷黑暗的祖國，以美國乃一文明自由合衆國家，心內切慕焉，乃函先父要求設法辦理赴美手續，一年之內去函請求達十餘次之多，迨至光緒卅四年八月間，接先父來函，云及渡美手續辦妥，囑即赴港候船，隨即前往香港乘船赴美，抵達金山，經過手續登陸後，即到三藩市華人埠都板街華安號暫住。華安號之東主陳君，乃余之世伯輩也，全店之東主店伴都有相當年紀，多系保皇党（即帝國憲政會會員），凡年少而革命頭腦雜於其間，查當時康有為梁啟超在美國提倡保皇帝國憲政會最發達之時也。余登陸以後，以初履斯土，亟欲一廣見聞，乃將衣履整理及剪了辮子，約同華安店東陳世伯之侄陳君外出遊行，於某街上瞥見廣告墻上貼有大標貼一張，今晚七時假座

某戲院敦請孫逸仙先生演說，不收門券，歡迎各界參加，共聆偉論」等語，該標貼并
無上下款銜，不明由何方發出。此貼，余私謂陳君曰，我們今晚可赴戲院聽孫先生演講
否。陳君半吞半吐，不敢冒答，因受保皇黨尊長未許之下，及向曰，孫先生是何人，你知否。余答曰，伊乃革命
黨也。陳君又向曰，你何以知他為革命黨。余答曰，余由書報上得來。陳君於是極表同情，認為志同道合，伊正是學
生時代人，極膽小，恐有得失於尊長，拖余至一橫街，細語喁喁的謂，今晚聽孫逸仙先生演講，我們可
以去，但不能被店中各老頑固知之，倘他們得知，我們便難達目的矣。晚飯後，余乃以初到此地，不識道路為詞，大
聲邀請陳君陪余往各處遊覽。陳君答謂一同往看電影。鐘鳴七下，我們兩人便聯袂而出，逕赴戲院聽講。
坐下未久，見舞台上有一位主席坐於正座，孫逸仙先生坐於主席之右。先由主席起立介紹說明，孫先生此次由

4

别處抵此，今晚特敦請其登台演講革命。计参加者約有三佰餘人，多属手力的商人與工人。孫先生講至中途，距講台第八九行座位之聽衆，有一人起立質問先生曰：滿清政府如何專制？对你曾否加过殺害？继有數人手携石碎磚頭向講台拋擲。但先生兀立不動，非常鎮靜，不理他們的举動，也不向他們責罵，祗有微笑，現出滿面春風，继續演講下去。秩序依然，并無紊亂。暴徒數人覺得無甚興趣，乃纷纷退出。而聽衆对此事亦绝不理会，不作為一件事。余目睹此情形，覺得孫先生之精神修養人格，確有过人之處，加速我們的興奮。演講完畢之後，余即到講台上與孫先生招呼，孫先生即伸手與余相握，詢余是何處人，到此地若干年。余一一以実告。余云余今日初到，下午登陸，孫先生點頭曰：初来即来聽講，胆子確大。余與孫先生初次相晤，其仁愛忠诚和蔼可親之態，令人發生愉快、尊敬及信仰之感。旋由孫先生介绍與當主席者黄君相識，相談甚快。孫先生告余赴各地宣傳革命工作經過及華僑情況、余乘間詢先生曰剛才用石碎磚頭擲上講台之人、先生知其認識否、先生答曰不識、余再詢曰、先生有被擲傷及受驚否、先生答曰此乃司空見慣之事、反對我們主義的人、常有這種舉動、若有恒心應付於他、必獲得他們就範、有一次我在雲高華演講、情形比這今次利害、將擲上講台的磚頭木石搜集起來、有佰餘或佰磅之多、但始終未有被他擲傷、應付此種搗亂份子、我本人宗旨、絕不理會、更絕不認其為一件事、以泰然態度處之、他們携來之石碎、擲完了自然不擲、反為自己覺想到理虧、若他知道理虧、便悄悄地自動走了、余聆畢此段箴言、余及陳君均大感動、有此機會接受先生的慈祥感召、似有無限榮幸安樂、談至十時許、余乃邀請先生及黃陳兩君同赴都板街杏花樓食消夜、先生諾之、共用了七塊半錢、余身上僅得大塊錢、向陳君借了兩塊錢、方能湊足此數結賬、散席時已午夜十一時許矣、臨別，五道晚安，先生告余其住所地點，約余等明日再談。適逢翌日乃星期日，陳君不須上課，正午十二時由陳君到先生住所拜訪，商談入盟事。蓋斯時尚未有党。先生見余一片真心，有愛國熱诚，常往見致公堂大哥唐君。斟酌加入致公堂（即洪门）、先由先生在唐君住宅與余及陳君主盟發誓、另日開山加入洪门、是亡一種表示诚為盟友。是日余抑夫之父黄燦卿公知余抵步、他係洪门重要份子、充当洪门武䅁之報館大同日报要職、知余是一個有革命性的人、恐住於華安有不便之處、即到華安號訪問、邀余住於他家、并教余學習英文、他有一妻兩子、大子即余抑夫寶朝、在發明書務公司受職、細子在學生时代、他妻待余極好、細子課餘歸来督促教余念書、过一天先生約余赴旅館見面、由黄燦卿公陪同前去、談起余幸人新到此地和那晚到戲院親講。向黄燦卿公贊許余意、黄公因公事辞出。先生教余绘製党旗即青天白日旗、除將尺寸說明外、并提示注意、十二角要分開、約一星期後、先生便離開三藩市赴別處去了、在先生留居三藩市約十天左右的時間當中、余每日到先生處互談一小時共領得十餘鐘點的教訓、作為余等宣傳的綱領和工作的南針、先生去後、黃燦卿公介紹余入大同日報服務、與劉成禺(即禺生)徐甘棠因事除去學校上課外則在報館與李二李讀除對相識親友向彼宣傳革命外、在兩個月後、說到唇焦舌弊、把一班老頑固的世伯都被余纔漸淘化了、當開始宣傳的時候、真感到非常棘手、所有一般老頑固的世伯和余的父親、每日給余說多恐嚇和辱罵、說余是逆黨作反仔子、他日回國必遭斬首、但一人之死不足惜、恐更連累父母家人受抄家等詞、其中又有世伯輩向余父親挑撥、幸余宗旨堅定、不屈不撓、寧作革命鬼、不作專制奴、經過相當時間、父親和世伯才漸漸明白我等處在專制淫威之下已忍

6

無可忍、非革命無法拯救四萬萬同胞於水深火熱中的宗旨了、不幸父親僅開通對余主張自漸漸表同情他染了急症身亡是年聖誕節後先生由別處來函、着余等組織少年學社聯絡有志青年參加、由余及陳帝庚林朝漢刘漢華黃超五黃伯耀崔通約李梓青余日朝李仕南等君發起、租沙士沙頓街鄭吉映相館樓為社址、每晚七時至九時、凡屬發起人必要到社、若一連兩晚不到、罰款弍角半、該社成立後、一班有思想青年、踴躍加入、不半年間社友增加至三佰餘人、宣統之年七月間我們組織一劇團演戲等款、初租一戲院演白話劇一晚、名曰女學生意義即秋瑾遊東洋、此乃屬試演、該晚所沽入場券、計頭等弍元、二等一元、三等五角、共得款壹仟元、除院租弍佰餘元、尚餘七佰餘元、成績頗佳、各社員均感興趣。於是決定由社員每人認捐音樂一件、有演劇天才者、自行寄信至香港定製戲服、各社員不分晝夜、多在社內練習音樂唱曲、數月後、戲服運到、遂開始排演鑼鼓大戲、每月則在戲院開演二晚、所得善款除院租印刷外、均彙集存入銀行、靜候孫先生到來定奪。該戲團名曰少年學社劇團、每次演戲、祇開支院租及印柬事入場券等費、其餘均不開銷、因各社友即團員均有職務、故大家都當義務、甚至清貧都是自己解囊、概不動用公款、枵腹從公、真當之不愧也。余在劇團擔任管什箱、另任男丑主角、於演戲乙項、計演戲七晚、集得義金弍萬之左右、宣統元年冬向華安因管帳歸國、須人助理店務、陳世伯邀余由華安當櫃面職、宣統弍年正月底、孫先生又到三藩市、我們將少年學社組織經過和演戲所得款項數目向孫先生報告、他主張以將戲款滙去香港，交由黃克强先生收用（即三月廿九之役所用）又將少年學社改稱為同盟会，凡屬少年學社社員，一律填入会志願書，填妥志願書後加盟，作正式同盟会員，孫先生携到中華革命党之金幣鈔票數佰本，每本伍拾張，每張票面十元，沽美金每張五元，交給各社員担任勸銷，余担銷十本，本日最反对余主義者之朋友們，余亦向他兜銷，二月中孫先生到華安店訪余，入門時，各世伯世叔覺得很奇，隨由余介紹各世伯與孫先生認識，談起來，陳世伯與孫先生有世薄親，愈談愈投契，繼留孫先生在店晚膳，他一言答允，在席上談到革命推倒滿清問題，孫先生所言皆娓娓動聽，坐中多認為合情合理，極感興趣，但其中有一位保皇党客人亦在坐食飯，对孫先生大加辱罵，席上各人非常難過，孫先生亦弄到舌弊唇焦，向該客人多方開導，始被感服，飯後，店中各人着余送孫先生回去，行至中途，經一某什貨店門前，有店伴兩人追出曰，你睇那兩個賤種，一双面行，遂使人觀看云云。余當時憤火中燒，欲與之理論。孫先生曰，此乃無知識者之行為，不宜與伊辯較等語，遂置之不理，步行回去。翌日孫先生又在戲院演講，平日最反對我們幹革命黨工作之世伯們都來參加，雖然他們未有加入同盟會，也算同情於我們，也從此以後常罵我們做殺頭鬼之世伯們，也改變方針，贊成我們之工作，此乃表現著孫先生之感人力已高，義可風。反對者都受到感動，自知理虧，思想漸趨正確。此后我們所幹工作比較從前減少許多責難和煩惱，已收效得多了。在店中亦敢大聲疾呼打倒滿清、殺盡滿奴之語矣。孫先生這次到我們店中居住三天，世伯們未知半俾任由我們招呼，果將睡鋪讓出，余則在孫先生床前架一帆布就寢，朝夕與共，一連三夜，均與孫先對臥相談，境益融洽。這次在戲院演講之前，在同盟會中挑選四人，先上演講台演講，每人講十分鐘，余占其中之一，由余領隊。孫先生曰，此乃練習式你們勿作座上客人作人祇作是空到椅子才不怕心驚、這樣自自然然可以講出你心中意思、言所欲言、不致有空台之弊、我們遵依教訓、是晚果然達到演講成功、從此之後、我們便組織演講隊、擴大宣傳、先組四隊、每隊三人、製白布旗幟一面、書曰同盟會演講、每晚出發三隊、留一隊休息、分頭在當中馬路口、用木椅站高演講、宣傳革命、隊員中年齡多在十八歲以上三十歲以下者、演講不及半月、增加至十隊之衆、會員爭先恐後加入、其有經濟[illegible]之好手、更自製顧繡名貴旗幟、大發因此鼓動人心、有大裨益、遂漸將演講隊「宣傳隊」推進至各埠、先派人到各地指導推行、均皆響應、甚至三數十會員之小埠、皆組織有宣傳隊、其力量宏大、推進迅速、係屬初見、不半年間、南北美洲加拿大雲高華梳弗山南洋群島等地均有宣傳隊之組設、這時會務更稱發達、記得有一天、適逢星期日会員多數休息、到会談天和些音樂唱戲、在正午十二時左右、有一会員剛往綱紀慎礼拜堂守安息日回来、对我們說道、帝國憲政會在天后廟街与綱紀慎礼拜堂对門、我每逢往守安息日、一出礼拜堂門、便見保皇黨招牌、真令人可恨、時連余共六会員在座、共謀对付方法、其中一会員很憤怒地說、何必嬲恨呢、如係你們肯去將其招牌除下、我亦做一份、此議一出、大衆贊同、於是六人齊跑到保皇黨門前、做落招牌工作、但該帝國憲政會樓梯門經已關閉、不能上樓、且該会有人在騎樓望下、知我們來意不佳、不獨不肯開門、更用電話通知警察署派人阻止各会員知道我們舉動、不十分鐘增多人數幾倍、有自行在附近借木梯登上、有自行騎上肩部由騎樓扒入、引動附近居戶之人站立滿途觀看、警察到场干涉無効、再去電話警署請求、調派警署駛，救火机到来，用水喉向我们猛射，意欲制止。斯时我们之星期日揀選穿着之漂亮西裝衣服革履，都被射湿，如同落湯鸡。一般警察方面，明知我们係合有政治作用，並非匪徒，概不動武，明知不合，很守文明对付，惟有遵警署命令，欲用水射擊，意图解散，弗料愈来愈光，结果扒上將招牌鉄線解脱，將高度三尺、活度約十二尺星鉄木边黄地红字帝國憲政會招牌除下，警察協助扛至墙边。我们便散隊回去换衣服。照道理説来，將人家招牌除下，原不合法，但一时之憤，無無道理，也難制止。此種舉動，本来不將幸做，法尚稱文明。我们除將其招牌除下，達到目的外，無傷害其他物件。我們收隊时，曾向警察声明，祇取下招牌為目標。警察亦微笑，与我们握手話别。翌日保皇党向法庭控告，我们亦赴法庭候訊。双方錄供詞畢，警察説明經过，法官着警察代他掛回招牌

作為了事、法官遂即退堂、我們相繼而出嘻嘻哈哈笑而回、一場落招牌事案告一段落、是年清

廷派親王海軍大臣洵貝勒到美國考察海軍、我們獲悉之下、暗中討議俟他到時將其行刺、經過六次之討論後

自告奮勇者計有朱卓文、佐治鄺、到達華連、余等共九人、最後一次秘密會議在新呂宋巷九號三樓議

決合自備手鎗一枝、該鎗名曰滅仔、用三十二號鉛彈者、每枝值美金伍元、該處自由買鎗、且自由攜帶、不加限

制、故各鎗者均可購買。當該洵貝勒到來之日、我們預先潛伏碼頭附近、待機行事、詎料朱卓文同志比

較我們來得稍遲、誠恐失了機會、奮力在人叢中冲入、被警察察出形跡可疑、將他搜身、幸朱卓文同

志身穿大褸、非常機警、一方面將手插入褸袋、用手揸住手鎗、警察祗摸着他軟軟的手

被他瞞過、走入人叢中脫險。佐治鄺係美國土生、性情剛直、不大機警、卒被警察摸出其身上手鎗、正當

洵貝勒將登鐠時將佐治鄺同志拘去，秩序稍亂，警察即下令戒嚴，我們知事已洩漏，若勉強幹下去，誠必失敗，於是各自回去，設法進行第二步計策。翌日，法庭開庭審訊佐治鄺同志，他本人直認行刺洵貝勒不諱，審事官將案押候，过数日再開庭審訊，問其同黨來行刺者共有若干人，他祇供認係他人，不供出其他同謀行刺的同志。我們設法聘請律師上堂辯護營救，各同志十分踴躍捐資为佐治鄺打官司，結果佐治鄺被判有意殺人，監禁十年。当佐治鄺同志被拘後，該案押候未判決前，我們不知佐治鄺同志口供如何，有無供出其他同謀之人姓名住址，誠恐發生牽連和危險，为安全計，各人分头赴各地暫避，余則赴活吾埠天信號，得陸世伯之助，着在該天信號受職。隔了数月，孫先生又來，知余在活吾埠天信號受職，特搭船到來

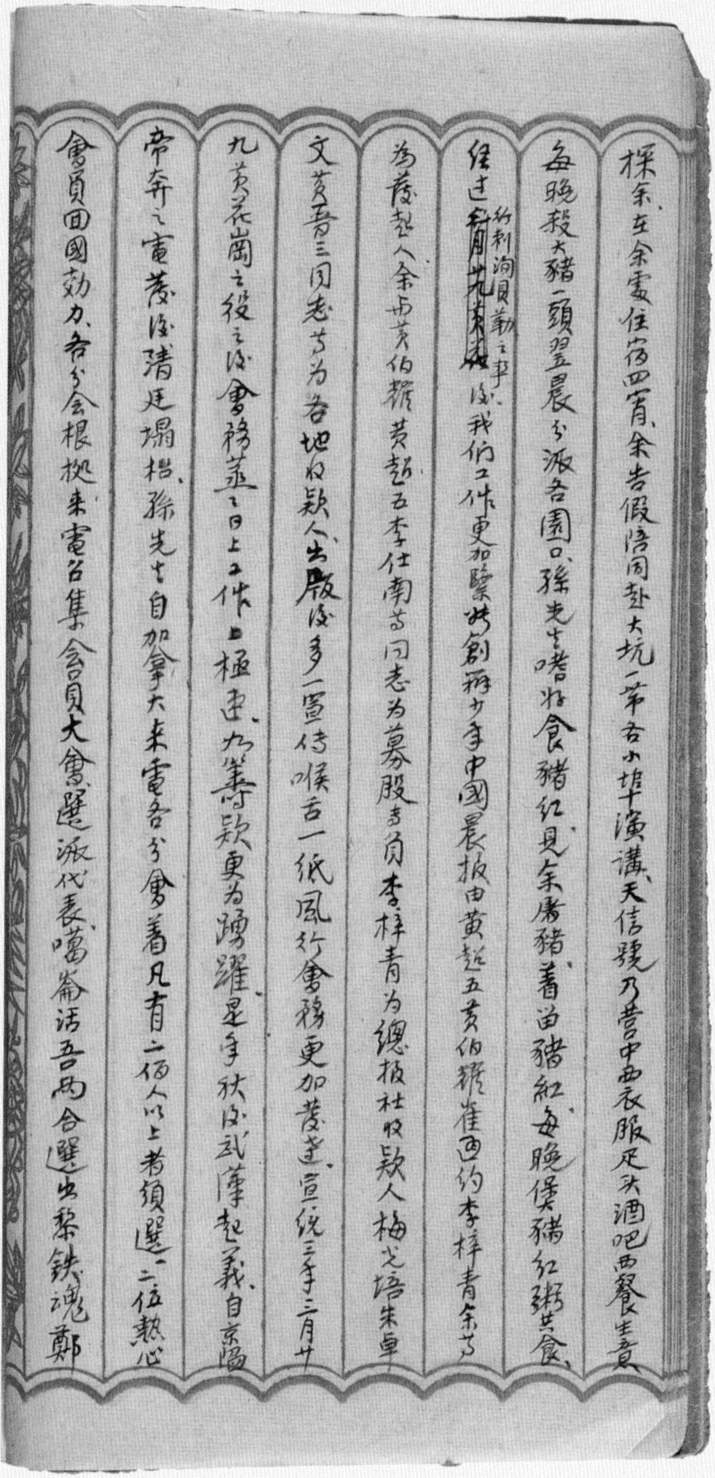
採余、在余處住宿四宵、余告假陪同赴大坑一帶各小埠演講、天信號乃售中西衣服足兴酒吧西餐生意
每晚殺大豬一頭翌晨分派各園口、孫先生嗜好食豬紅、見余屠豬、着留豬紅、每晚煲豬紅粥共食、
經過行刺洵貝勒之事、後我們工作更加緊、此劉稱少年中國晨报由黃超五黃伯耀崔通約李梓青余等
為發起人、余与黃伯耀黃超五李仕南等同志為募股事負李梓青為總經理杜收款人梅光培朱卓
文黃晉三同志等為各地收款人、出版後多一宣傳喉舌一紙風行會務更加發達、宣統三年三月廿
九黃花崗之役之後會務蒸蒸日上工作上極速、加籌款更為踴躍、是年秋後武昌起義自京隔
帝奔之電發後清廷塌档、孫先生自加拿大來電各分會着凡有二佰人以上者須選一二位熱心
會員回國効力、各分会根據來電召集会員大會選派代表、嘔崙[illegible]吾两合選出黎鐵魂鄭

官梅即鄭占南與余三人為代表，鄭占南同志因生意不能即為告辭，由余與蔡鉄魂兩人代表。余等將手續辦妥後，同赴三藩市乘船回國，同船歸國効力者有陈永惠、梅喬林、黃靄雲苗同志，均係北美洲分會選派者。船經檀香山時，余登岸往訪程濔生、姚祖康、謝英伯同志。船抵上海時，獲悉孫先生經大西洋先我們抵滬，早入南京，我們則經太平洋，計北美洲方面共有代表八人在滬，約同趁火車入南京，並先我們聯合拍電致孫先生，聲明某班車入京。抵站時，孫先生派朱卓文同志在車站迎接，即乘馬車赴中正街總統府即舊都督衙門，將行李擺擋後，由朱卓文同志帶見孫先生，即派我們分担工作，余則派在會計局（因孫先生知余在美國華安、天信兩號都是充當賬職）。現局長應夔丞，後局長翁方鳩、將桌上應用文房用品簽條紙領取檢妥後、即由總局長常往洋服店度身縫軍服、孫先生每日離室出巡總統府內各部一次、均由朱本富黃大偉兩人隨之、總統府內廣東人很少、我們是華僑、初初入府辦事、方言上諸多不便、幸秘書王芝瑞（即雲五）參軍黃士龍與余鄰房居住、公餘過房領教不致寂寞、數日間又得海軍陸戰隊長許鳳珊君介紹往訪衛戍司令徐紹楨、得以周旋、時相過從、幸徐司令為人豪爽、極重鄉情、殊不客氣、余得此機會、每晚飯後、都到夫子廟即秦淮河邊衛戍司令部談天、總統府當時祇有汽車一輛、係孫先生用的、此外概用馬車、余用慣之馬車車伕名喚陳福、總統府之車輛及車伕係庶務陳興漢君管理、每晚飯後、陳福都為余預備馬車侍候、余每晚外出、祇係去衛戍司令部、久而久之、陳福駛車、於晚上均駛至該處、談至八时左右则由總统府请王秘书芝瑞教国语，余于讲国语，全赖王秘书芝瑞之助，王秘书为人忠厚诚实，谦卑人爱，俭樸，十分用功，每离秘书厅都在房内唸书，八时以前，余不敢向伊声扰，候他唸书毕余才由习国语，天天工作都如是也。民国元年元旦日，孫先生正式就臨时大總统职，是日上午孫先生、陸軍總長黄興率領府内高级文武官員，赴明孝陵致祭朱洪武太祖，十一时半祭畢，返總统府休息。孫黄兩氏赴明孝陵时，身穿黄绒軍服，回来後孫先生即換西装大礼服，即現市面发售八分面大礼服之相片是也。此照片係由上海北四川路同生照相館攝影者。正午十二时在總统府大礼堂舉行正式就职典礼，各國公使人士均有参加，内外鳴礼炮一佰零一响。未几孫先生之眷属由檀香山返國，抵京时，孫先生派余與朱卓文同志兩人負責料理，未者有盧夫人慕貞、孫公子科、兩女公子隨同姑蘇、居住於總統府右便之洋樓、即參謀本部程頌雲同志辦公室地點、數閱月後南北議和、北方袁世凱派唐紹儀為代表、南方孫先生派汪兆銘為代表、來往接洽成功、孫先生讓位於袁世凱、某日由孫先生在總統府大堂舉行遜位典禮、由唐紹儀代表接收大總統之璽、是日將中國同盟會、改為中國國民黨、唐紹儀亦加入國民黨、查當時尚有進步黨共和黨、同時黃興解除陸軍總長職務、改稱留守、遂將總統府招牌將總統府三字改為留守府將府內一切物件移至留守府照收、孫先生下一手令、「着朱卓文王棠黃吾三負責將總統府車輛傢私什物文房用品點交留守府接收此令」是晚七時朱卓文同志奉孫先生命召集海外回國効力同志開會、齊集時請孫先生出席、孫先生在席向将讓位经过及總统府结束移交留守府情形向各同志解釋，並謂伊本人定日内返粤或赴北京，（当时袁世凱請孫先生負鑛務総办之責）隨詢各同志之志願，其中如余森郎同志共六数位願意赴美留學，有数位同志願追随孫先生返廣東或赴北京，余則願在留守府服務，即由朱卓文同志将各個人志願臚列，送呈孫先生核閱分别办理，余亦批准有特殊優待，由孫先生親身帶余往見黄興先生，将余願意說明，黄興先生接受派余在留守府副官室辦公，隔了兩天調入秘書廳，在副官室办公时，因無一熟人，感覺困難，入秘書廳後由徐秘書少秋介紹後，頗称快慰，徐秘書乃黄興夫人徐宗漢及滬鉅商徐雨芝之侄，为人忠厚和靄，知余係居歸国華僑，很念鄉誼，諸事得其指導極多，嗣由徐秘書介紹與徐宗漢女

士相識、徐女士为人率直、与余一見如故、並嘱公得随便到来谈天、故余每晚都到黄公館观玄

閣根、久而久之、颇为投契、如一家人、有一天晚上江西兵因闹餉、在南洋勸業坊一带倒乱和

搶劫、黄留守星夜得據報、邀集府内文武官員應付、余自告奮勇跑到海軍陸戰隊

许凤珊同志處率领隊員武装準備、并与许同志两人领隊分東西两線一齐発动攻擊、

鎗声密如雨下、江西兵做賊心虛、誤會以为我们大軍開到、因天氣太黑、其实我们共计仅四

佰馀人均有步鎗、未有其他犀利武器、斯时余年少胆壮、不知死字为何物、借用黄留守之

馬乘之出戰、被西便我们隊伍之鎗射至東便、將余之大衣射穿、將馬射伤、東西两隊陸戰隊

將叛变搶劫之江西兵三佰馀人尽行繳械、解返留守府大堂、那时黄留守非常歡喜、对余甚許

14

第　頁（生昌造）

同志十分敬重余，亦許同志兩人每月的賞式仟元，士兵每人的賞壹佰元（查江西兵原已離散有一小部份未有發清餉尾及繳械，故發生誤会致有此舉）嗣余常接母親来書，催促回家，因念慈母省親心切，遂辭職回中山原籍，承母親命，與黃善芳孫女即黃鍇葉之次女愛群女士在邑中結婚，婚後在邑中辦學及倡建礼拜堂，充大環金巴崙小學義務校長及聯生女校董事，廣昌學校校董等。我民國三年，龍濟光治粵，對党人極為仇視，有一天李祖泳兵到余住宅，欲將余拘捕，幸余机警，跑上亂面，跳下鄰家躲避，方免於難，但已嚇得余家人驚惶失色，当搜尋时，幸余母親鎮靜造詞適当，她~~對来兵云~~謂吾兒昨晚未有返家，已赴澳門轉往香港去了，兵士~~聽她說話是~~信以為真，搜查一番，收隊离宅，余則星夜行路

往澳轉香港、得王國璇君之招呼、在恒和船務公司服務，手得復得鄭壽生君王國璇君之助、入和昌興國織
造有限公司充副經理職、未幾調充上海分行經理、自經過那次脫險、余對黨及對教會工作更加努力、在這時
与廿路林蔚富的梅華銓崔通約馬祖星等教友倡建中華基督教會、常到環龍路四十四號林煥廷同志處及赴
孫先生家、協助辦理黨務、斯時在孫先生家內料理什務者有杭香山歸國華僑夏百子同志為人忠厚性
情躁暴有江蘇省長程德全欲買兇行刺孫先生、派人向夏百子同志疏通、求伊准兇手入內、夏同志
一時憤激、將來人毆打驅逐、翌日夏同志到余處向余述及此事經過、余即與夏同志兩人往謁孫
先生、由余向將夏同志所說者詳細報告、孫先生微笑答曰、不必大驚小怪、此乃司空見慣之
事、不足畏也、余觀孫先生態度非常鎮靜、益其膽畧過人、但既有人有行刺孫先生之心、不可

不幸先防範、乃將此事告知林煥廷等同志一方面囑咐夏同志留心門戶、勿為奸人所算、民國五
年余調充香港利民興國織造有限公司總經理、得友人介紹與鄧三伯（即蔭南）吳東啟來往甚
密、合作黨務、故二次三次革命不論在港在滬全均參加奔走負秘密及籌款工作、是年孫
先生回粵就非常總統職、經過香港余往訪着余同行但余因生意關係一時不能離香港故仍
担任留港工作、直至民國十一年為生意事留港或留滬袁世凱稱帝改為洪憲加緊討袁工
作、孫先生蒙難時、謝持同志偕同事十餘人由省奔走到港、余斯時充華洋織造公司總經理、兼榮
業公司東華醫院總理即招呼謝同志等十餘人在店居住並膳宿設法籌款接濟孫先生之
由余招待一切使用由余解囊、以租得銅鑼灣電車路道即電燈公司對面之樓為秘密指揮處一切係私

什物由余出資佈置，陳興漢等同志款返滬，由余出資備船票送發他們回去；一方面奔走籌款，派員分往永豐兵艦呈交籌款，以永安公司郭泉、劉貢三、孫智興、華洋織造公司吳東啟、國民銀行王國璇、聯益建築公司林護、西醫吳天保等最為踴躍捐輸，每日由余外出募集，翌日將款繳交謝持同志手收，發回收據即由余轉回捐款者，以清手續。有一次由李祿超同志分款永豐艦，在港搭日船至黃埔埋街，適被佔住觀音山之陳炯明部隊發炮轟擊黃埔山頭，據李同志回港報告，此次幾乎遇險，伊當時由山腰滾下山腳，衣服損破，幸祇受微傷，尚無大礙云。孫先生離永豐艦返滬，約距十日左右，余接孫先生函促赴滬，即乘船往謁。承孫先生面示機宜，着聯絡海員，查來往太平洋各大輪船，船員多有俱樂部及館在港，聯絡比較在滬容易，因船抵香港灣泊日期較多。

16

迅速推動海員工作，余在滬候乘天洋丸輪船回港，在船上並與通譯林瀚生君接洽，得林
君熱心幫助，請假留居香港，凡有輪船停泊，即向海員磋商辦法，聯絡一致，故有聯
義社海外交通部之名稱，由此而來也。自與海員聯絡妥善後，推動圓滑迅速，曾表現
出許多工作，如在輪船上行刺某某軍官，及暗運各項物品等，其著者也。余當時與蘇蓮醒
同志即蘇蓮山租一小屋於九龍城尾陳賡如花園之小梅村附近，專製造炸彈，運上廣州，以
內河船海員之幫助，以圖推倒陳家軍，擾亂廣州治安。每次製出之炸彈，先購買上海皮
蛋數缸，用水將缸口鈔紙封皮揭開，安置炸彈五六枚於缸底，上蓋皮蛋，以掩軍警檢查。每
寄皮蛋十缸上省，內有兩缸或三缸藏有炸彈於其間，於缸身書有暗號者，方收貨後，檢查者

第　頁　生昌造

炸彈者拆開零賣，在民國十一年舊歷八月十五中秋節那天晚上付寄皮叠十二缸上省，落貨時候，因為做節多飲幾杯，有些酒意，誤將有暗記之皮叠一缸不慎在香港干諾道中省港輪船碼头打破，幸余和蘇漢瑶同志兩人站立碼头照料，其中有一位查烟的差人，也是我們的同志，畧知我們之做作，即協助將缸反轉，缸底向天，揀出炸彈，投下海中，消息幸未被洩漏。一月之內運達廣州之炸彈，先後計有伍佰枚，蘇漢瑶同志赴廣州佈置，余在香港照應，舊歷重陽節晚，在廣州市吉祥路第一公園附近，先後爆炸十餘响，協助我們之工作各同志行動十分嚴密，結果警察和偵緝均不能查獲。我們所製之炸彈，係用舊式製法，用生鉄鑄壳，配藥入內，白藥由余購回交給蘇同志配劑，蘇同志乃香港大道中安寧藥房藥劑師，對於藥力效能及配合頗有经验，在小屋入药时，均在月亮之晚间行之，不用灯光，一则避免附近人家知悉，再则免被火燄發生危险，屋内祇我们两人，一作说话行动均极静肃也。舊歷十月中旬余曾上廣州一次，住西濠酒店，改名换姓，卒被陳軍偵探員獲悉，将余監禁房内，即报告偵探長，幸该偵探長与余相识，因余当时充華洋織造公司總經理，兼任香安保險公司董事、恒利船務公司董事、華業置業公司司庫、同德置業公司司庫等職，财雄势大之时，与该偵探長之叔为股友，不时在香港与伊家族很有往来，他家人多信基督教者，探長拟探員报告后，他日必为嫌疑案，並無实据之语，将余開脱，並星夜送余赴西濠口大新公司对面之日船，在船上開一房间招待，由他给管房侍役票值，派員在码头監視，至待翌晨八时船開后，余遥望探員收隊而去，無形中恐余再到穗

亂，得余還去見先總感，隔了半月偵探長來香港，余在途中與他相遇，據稱他的探員報告，証實重陽節

晚之爆炸案，係由余主使無疑，着警方再來者，見今本人雖做英語，余聆主之餘，認為又脫了一回危險

余經过爆炸廣州和偵探查出余抵香港，進行工作之際，赴滬向孫先生報告情形，孫先生很欢欣的說，據

找其他方面報告，認為我們這次工作做得很好，讚揚一番，並云你須要快些回香港負責籌備，兼候

消息及未还來電幹祕密工作，現目一切軍事，均準備好了，正在籌劃反攻中，余奉命將赴滬商洽接

洽先生意思都放下不幹，啓程返香港，免誤戎機，未幾大軍果然入粵，趕走陳家軍，各軍奉命均皆發

動，滇桂軍先進，沿西江東下，湘贛軍由粵漢鐵路經北江南下，豫軍則間關遠道馳至，與入粵各軍分

途响應，高舉義旗，一致声討陳軍，遂倒，首將各軍分佈駐防地方，隨到次滇軍由楊希閔統率分

駐城西黃沙、西村石井、粵漢鐵路之南、通廣三路石門塘、芳村一帶，總司令部設農林試驗場，桂軍由劉震寰統率，分駐城東北郊、沙河、白雲山、瘦狗嶺、龍眼洞、遊塘一帶，總司令部設大沙頭，湘軍由譚延闓統率，分駐粵漢路之北、韶關、樂昌、坪石一帶，總司令部設高第街，贛軍則分駐韶東、始興、仁化、南雄、梅嶺一帶，粵軍由許崇智統率，分駐翁源、增城、博羅、橫瀝、東江而通廣九路，總司令部設東較場舊諮議局，福軍由李福林統率，分駐河南新塘、新造、新洲、羅江、康樂等地，總軍部設河南海幢寺，其餘雜軍則分駐長洲、黃埔、虎門、太平等地，孫先生由滬抵香港時，住羅便臣道楊西岩同志家，各界及各軍司令紛紛派代表來港至楊家訪問，時楊西岩同志適抱病臥床，派陳典漢、楊心逸、楊必達負責招待，高惠龍、李業、區玉負責侍從，余負責對外聯絡，香港政府派警察輪流在門前守衛保護，民國十二年舊曆正月初二日下午，孫先生咁余商量，邀余一齊赴省，勸助各事，並代籌備現款港幣四伍拾萬元帶省，以備支銷。余斯时身兼數職，恐一时不能遠離。余对孫先生曰：現金可代籌備，本人難去。孫先生答曰：我可徵求吳東啓同志代你料理各生意，你大可放心等詞。孫先生一面派人找尋吳东啓同志商量，余則向各公司及各商家撥羅現款。是日乃舊曆之旦，商家銀行均皆休息，存現款不多。幸藉孫先生之鴻福，在三句鐘之內四處張羅，結果尚幸達到孫先生之帶預期數目。即晚九时向孫先生報告集款成績，孫先生欣然答曰：你可回去休息。明晨八时攜帶現款搭香山日航同齊上省。船行至半途，孫先生邀余入房面談款項如何支配，并着黃惠龍同志分發各同來者徽章，俾資識別。談畢即出客廳（即大餐樓）稍坐，繼續用餐，同席四人，余占其一。下午一时許，船經三枝香地方，因水小擱淺，累阻十多鐘。三时船抵廣州市泊碼头时，軍樂悠揚，歡迎者人山人海，兩

濠口一帶水洩不通、各界站滿兩傍、旗幟飄揚、五光十色、欢声載道、震於耳鼓、南海縣長李寶祥則
穿西裝大礼服站在碼头之內、將欢迎及佈置情形报告、西濠口天字碼头太平路惠福路均搭有欢迎牌樓、
孫先生上岸時身穿咖啡色西装中山裝黑皮鞋头带毡帽、手拿手鞭竿、登岸与各界握手後、即登
車赴招待處稍息、復驅車至農林試驗場、由楊希閔佈置為辦公地点、由各軍總司令接洽、
即晚赴楊希閔之宴、由楊希閔負責保護、翌日用大元帥名義發表、特任楊庶堪為大元帥
府秘書長、机要秘書蔣中正、蕭萱、秘書連声海、林直勉、徐蘇中、黃昌穀、楊熙績、英文秘書郭
泰祺、法文秘書韋玉、德文秘書朱和中、日文秘書陳群、俄文秘書陳友仁、隨即秘書、李祿超等
參軍處特任朱培德為大元帥府參軍長、派張開儒、机要參軍胡毅生、參軍路孝忱、趙超、錢

大鈞周應時楊憲何克夫徐維揚林樹巍李朗如副官鄧彥華蔡二欽吳嵎黃夢熊王文

翁任楨修賓鎮遠蕭魯生侍衛副官霍恒（即西人坤）黃惠龍馬湘陳侠夫衛士隊隊長初

書振鄉以調充別動由姚觀順繼任統率衛士六十餘人江門大元帥府設有辦事處主任古應芬

助理李仙根等特任胡漢民為文官處處長徽向及參議柏文蔚蔣尊簋陳少伯蔣作賓

那文美國人謝持汪兆銘馬素等負責代表孫先生聯絡張作霖段其瑞盧永祥等工作派王

棠為大元帥府會計司司長派陳興漢為大元帥府庶務司司長陳興漢調充粵漢鐵路管理

將庶務司政科委鄭校之為庶務科科長歸會計司直轄偵緝李天德趙植芝蕭桂李榮

等游擊司令李安邦黃明堂徐樹榮等大元帥府設六部特任葉恭綽為財政部部長鄭

洪手為次長特任伍朝樞為外交部々長郭泰祺為次長特任林森為建設部々長李卓峯為次長特任呂志伊為內政部々長後徐紹楨特任程潛為軍政部々長特任蕭佛成為海外部々長特任李烈鈞為參謀處參謀長高級參謀俞鍾西、江防司令陳策、虎門要塞司令陳慶雲、航空局々長先朱卓文後楊仙逸、再後張惠長、飛行人員即飛机師黃光銳黃秉衡林偉成胡漢賢、苎大元帥府設軍總監、先特任蔣尊簋、後特任王棠、大元帥設兵站總監特任羅翼群、魚雷局々長謝鐵良長洲要塞司令蘇從山、孫夫人宋慶齡女士由上海到廣州以前孫先生祗用什役(即後生)一名名叫黃鴻料理室內工作、孫夫人到後加用女傭僕一人廚房一人初孫桂、後區玉、歸庶務司管理、每餐菜餚餸菜一元、生果另計、孫先生最歡喜食魚飯後必食生菓，以金山橙及平果為最合，每晨必食橄甜燕窩一小碗，一切用度十分儉樸，若多買鏈菜便不滿意。聯俄共後，大元帥府設二部，工人部長廖仲凱，婦女部長何香凝。大理院々長先特任徐謙，後任趙士北。石井兵工廠々長朱和中，後馬超俊，再後黃騷。無線電局々長馮偉，電燈局々長謝作楷。大元帥府設中央財政委員会，派王棠、葉蘭泉、蔡昌、蔡興、吳東啟、王國璇、林護、楊西岩、伍學熀、何世光、黃廣田、郭泉、梁季典、林蔭魂、余斌臣為委員，指定王棠為負責召集人，李澧川為秘書。以上諸多均係港商，因當時籌款，首賴於港商幫忙。警衛軍司令吳鐵城，旅長、團長則為歐陽駒、鄧彥華、李章達、司徒非等。滇軍方面人物，總司令楊希閔，兼第一軍々長，所轄三師，師長廖行超、楊如軒、趙成樑。第二軍々長蔣光亮，第三軍々長范石生，旅長寸盛奇、桂軍方面人物、總司令劉震寰、軍長沈鴻英、師長伍毓瑞兼參謀長、另一獨立第七軍々長劉玉山、師長陳天太等、湘軍方面人物、總司令譚延闓、所轄四軍、軍長謝國光、劉建緒、魯滌平、陳嘉祐、參謀長岳森、製彈廠々長王棠兼參議張國元等、贛軍方面人物、總司令李烈鈞、軍長朱培德兼師長、雲師師長李明揚等、豫軍方面人物、總司令樊鍾秀、粵軍方面人物、總司令許崇智、參謀長蔣中正、師旅長何成濬、王懋功、黃大偉、許濟、張國禎、馮軼裴、魏邦平、鄭潤琦、闵国雄等、福軍々長李福林、師旅長李芳、李雍、李群、潘枝、總參议謝建誠、參謀長練炳文等、大元帥府軍樂隊々長呂建國、率有隊員約六十人、廣東財政廳々長先鄒魯、後楊西岩、梅光培、鄭洪年、陳其瑗、王棠、古應芬、民政廳々長先劉維熾、後陳樹人、教育廳々長先許

崇清、後金曾澄、建設廳ゝ長先林雲陔、後政設營工廳ゝ長馬超俊、兩廣鹽運使先任
岑堤、後鄧澤如、粵海關監督先李錦綸、後傅秉常、梧州關監督戴恩賽、鹽務稽
核分所ゝ長宋子文、後伍汝康、廣東沙田清理處ゝ長林直勉、官產處ゝ長梅光培、粵漢
鐵路局ゝ長先陳興漢、後王棠、再後林直勉、副局長孫少棠、總務課長譚伯琛、段長和
樹韓等、廣三鐵路局ゝ長蔣光亮兼、廣九鐵路局ゝ長先温德璋、後王棠兼、航政局ゝ長吳
尚鷟、後趙植芝、廣東革命紀念會由謝英伯、鄧澤如、胡毅生、黃隆生、林直勉、徐維揚、鄧慕
韓等主持之、電話所ゝ長黃建勳、廣州市市政府市長先孫科、後李福林、再後伍朝樞、市府設
六局財政局ゝ長先黃芸蘇、後陳其瑗、王棠、李祿超、工務局ゝ長先林逸民、後莫競蒼、公用局ゝ長先

程天固，後姚觀順，教育局局長陸幼剛，後王仁康，衛生局局長伍梅，後司徒朝，公安局局長
先吳鐵城，後李朗如，再後歐陽駒。市立醫院院長李卓才等。是年三月沈鴻英野心叛變，率
軍佔也，在沙河及西村石井新街等地攻打廣州市，攻至白雲山佔瘦狗嶺，一方面沿沙河路進襲林試
驗場。孫先生又常令余籌款應付各軍及犒賞，一方面親身督師反攻，率滇粵桂等軍深明大義、始終
服從命令，努力前進，同心協力，卒將沈軍追擊打退，沈軍縮入連江口、巢田等地。在是役人心惶
惶之中，商店關門閉戶之際，余在二三日內徃在市內籌得現款佰萬之多，當時得蔡昌君勸助
力量極大，臨時在大新公司及國民銀行將余經手存下現款提清，蓋余與蔡君合作經營之
置業公司存款甚鉅，各行先將此項存款提出不足，則向外間張羅，率皆由余設法籌還，一諾千

金。余將田莊變賣私產股份，陸續籌寄回歸墊，以副初時借款之言，以維其信用，寧願私人吃虧，免失軍心。未幾海軍北洋艦南來，溫樹德帶領各艦司令長官艦長等晉謁孫先生，報告南來護法。孫先生命着余籌給月餉十七萬五仟元（大洋計算）。廣州當時以毫幣為本位（即雙角白銀），如數籌給他。溫氏並向孫先生聲稱，司令官艦長及士兵衣服均皆殘舊霉爛，須添置服裝等物。孫先生命余與溫氏接洽辦理，斟酌補充。計高級制服價值貳萬餘元，士兵制服價值七萬餘元，合十萬元有奇。將估價單呈孫先生，奉命批准，交余並辦，由余向洋服商訂製。溫氏通知各司令官士兵等到商店度身，款由余負責。擬結洋服商，服裝送交官兵領用後，價款尚未結付。溫氏再索兩個月餉大洋卅三萬元。孫先生又命並發。余在市面徵聞北洋艦南來，

23

非真有留粤帮助之誠意。此消息係由洋股商探得與余閒談中説出，余於是走告孫先生。可否擬約將兩個月餉先發給壹個月，再遲半月，然後籌足照給。孫先生答曰：你去訪温氏向他疏通。詎温氏比余時向相撞他，跑到大元帥府，以危言向孫先生恐嚇曰：倘即日不付給此餉，恐艦中司令等變志等語。於是勉強盡法搜集將款給足。不料給足後，翌晨灣泊黄埔及白鵝潭之北洋艦遁之離去。僅天亮有人到余家談消息，余擬報即走告孫先生。急忙中跑到孫先生卧室談了幾句話，答曰：我是忠厚待人，他們不忠厚待我，就讓了。查是次北洋艦南來無形中累耗毫幣捌拾萬之鉅，以向榮業公司移款借墊。在閏五月間以港商幫忙集得鉅款預備恢復造幣廠開鑄毫幣（即白銀）。孫先生命令派王國璇為造幣廠總辦、派王棠鄺熾崑為造幣廠會辦、派黃騷為造幣廠技士、王國璇因香港國民銀行司理職責繁重、不能來省兼顧、廠內外一切大小事務由王棠替代、蔭表及余即將廠內印錢路軌之原有廠址維匠將機器修理將建築物修葺、材料一波未平一波又起拋棄陳炯明軍隊又由惠州博羅增城而向廣州市推進楊劉亂未幾進至瘦狗嶺、余適奉派赴港參加梁燕蓀之父梁葆三壽辰慶祝、及聯絡商界領袖籌款、甫到第二天孫先生派員來港、着即集籌大款返省以應支拆、幸準備經營造幣廠預備購白銀之現款提出、又得港商各界對余信用和感情極將慷慨將義踴躍幫助又得何世光君不遺餘力奔走搜集旦夕間能得鉅款歸省趕搭廣九快車回省、陳典偉同志得消息在車站等候、并詢籌款成績、具實以告、相將

趕回大元帥府報告，剛逢孫先生自戰場督師歸來，隨即着與朱培德同志携款分給
楊希閔等犒軍。款項送至瘦狗嶺山腳，將款一部份交畢，與朱培德同志同乘汽車而
回，行至中途，被陳家軍洪兆麟部在山頂望下，運解款汽車六輛誤為孫先生出巡，開
鎗向我們之汽車射擊。余與朱培德同志所乘之汽車有旗幟一面，書曰「犒軍」兩字，其餘
皆無。該車被射穿數孔，幸余與朱同志連車伕三人均不中傷，亦云幸矣。槍聲來得越密
時，朱同志主張落車步行，乃相將下車，沿路傍樹下內縮而行，經沙河路沿黃花崗繞道
達市區。汽車則暫停路邊，俟夜間始着車伕駛回。沿路多陳列傷兵，慘極矣。
旋由孫先生領導各軍進攻陳家軍，迫其退入惠州城死守，欲乘機一鼓蕩平，將其撲

滅，以除後患，即於石龍設立大本營行營，孫先生亦親赴前線指揮作戰，會計司因要負責後方工作，余派庶務科鄭科長移之携款跟隨孫先生前往，大元帥府事務由孫先生發出手令，派胡漢民同志為代帥，代拆代行，孫先生到石龍行營之後，親書給余一長函，內云關於許總司令之隊伍多調至後線，即須給養，并着兵站總監羅翼群所需各件，轉知無線電局局長馮偉及航空局局長楊仙逸、魚雷局局長謝鐵良，於攻城甚需飛材及魚雷等，其他一切并着余與胡代帥籌商進行，來函一件函，着余轉知各部長各總司令致意，余依照來函分別去理妥善。楊仙逸、謝鐵良、蘇從山等同志，將一切準備妥善後，聯同出發，會同孫先生齊赴惠州城外梅湖地方集中工作，當時僅有木船多艘，以為住宿辦公堆置飛材魚雷之用，有一天，謝鉄良同志備了大魚一尾，備作晚膳，邀各同志回船用膳，其中一同志，因上落不慎，用步过重，不幸將船内魚雷觸發，隆然一鉅响一声，整批热烈爱党爱国之努力同志，同歸於盡，真是聞者伤心，見者流淚也，兩日後，孫先生懊喪回省，着余負責辦理喪事，並撫卹死者家屬，余与孫先生均含淚談話，十分悲痛，一方面派各司事備辦各物，余惟有飲泣治喪，隨將楊仙逸同志屍体全具由水撈起運回後，屍体全身焦黑，身上尚配有短鎗一枝，其余蘇從山同志僅得一手，謝鉄良同志等均被龍宮召去，屍体全無撈得，余着庶務科仍備四棺木，其無屍体者，將他本人平日所穿之衣服為代表屍体而殮，在永漢南路口天字碼头入殮，殮妥發引，沿永漢南經双门底、轉惠爱东路，經舊諮議局前入沙河路，經温生財史堅如，到士墳坊前安葬於二望崗之陽，自經過是役之後，余心裡極抱不安。所失了數位合作共患難的同志，再則應付各軍餉項，弄到身疲力倦，自己所有積蓄業已垫盡。致令囊空如洗，向外向籌借，負債累累，勢成弩末，遂與譚延闓同志磋商，欲辭去會計司長職，荷承劝導，諄多言詞，力懇慰留，姑將辭呈陳譚同志指導和修改，被他奪去。譚同志與余交情甚篤，頗稱投契。數月前他回湘帶兵來粵，除孫先生批下蒼結之開拔費四樣外，尚不敷甚鉅，他與余商量，請求幫助，余作私人借貸，即撥與他，以遂他願，而安其心，他抵湘沿途均來函道謝。未幾大軍抵粵，由余佈置司令部，他的軍長常到余家消遣。譚同志為人和藹，十分念舊，余與為公數次之幫忙，他當行政院長時，函電數次促余赴京，奈斯時因香港生意關係，負責頗重，不能離開，惟有函覆鳴謝盛意。是年秋，向譚延闓同志染恙在醫院留醫，余託其參議救國之君對

第　號　頁　生昌造

達余意，決定辭職，辭呈業已呈送孫先生，即接譚延闓同志在病親書函挽留，情詞十分懇切，函云左右毀家紓難，同人所共知，當此緊急之秋，萬軍雲集之際，總理倚畀之殷，同志屬望之切，何可言去，願左右以負風雨同濟，余以斯函進退維谷，乃要孫先生俯念余之艱難，批准辭呈，改派余為東江商運局局長，兼軍車管理處處長，軍車管理處雖然職責專微，但承辦重要各火車運兵運糧接濟前方，調動車次車輛，無刻不容緩也，余就後，努力苦幹，經過工作，尚稱完善，作頗各車站互相聯絡，將先順利進行，至大元帥府會計司長一職，移交於黃隆生同志接管，孫先生創辦文武二校，一為廣東大學，校長先鄒魯，後戴天仇，校務主任蕭冠英，會計程鴻軒，該校址即原日貢院前臨文明路，後遷惠愛東路，民國十五年改名中山大學，以紀念孫先生，後因學生漸多，校務

營造、添建校舍合石牌、占地數佰畝、建築費達數佰萬、校具儀器、設備極為完善、規模宏
敞、一如黃埔軍校、係完其(?)俄國用蘇校長蔣中正、校務主任及教官李揚敬、錢大鈞、何應
欽、陳埠(?)修、鄧演達、李任潮、為俄國列寧派鮑羅廷加侖將軍（又其將軍）協助及訓練事宜、該二校
作育人材、奠定革命建國之基礎、具有遠見、其功甚偉、由此兩校歷年產生人材至鉅、對
黨對國貢獻殊多、增益不少、弗料兩校未久、加侖將軍（其李義(?)加(?)）在粵染病藥石無靈、遽然逝世、
孫先生聆悉之餘悲悼異深、在惠愛東路舊諮議局前東較場舉行喪典、儀式嚴肅
隆重、設壇用寶劍致祭、出殯時由東較場發引、孫先生夫婦領導、各總司令部長首
長、市長局長及高級文武官員執紼、由吳定國率樂隊先導、沿東較場經惠愛東出大(?)門

底過永漢南真並天字碼头，隨吴梃之後，鮑羅廷及孫先生夫婦汽車、各長官汽車由吴梃殿末車，兩傍者軍隊，倒荷長鎗執拂，鎗口向地，軍政机関、商會社團均下半旗致哀。民十三年孫先生召集全國及海外黨部開中國國民黨第一次全國代表大會，地点在廣州市廣東大學內，「即舊貢院」事前將該校佈置，會場設在該校大礼堂，各省黨部及海外黨部均派代表出席。余為負責招待之一，美洲方面黨部派出代表最多，共數十餘人，照通告規定每一國海外黨部，祇可派代表兩人為單位，美洲各代表相爭甚劇，孫先生遂約齊各美洲代表到談話，將此次開第一次中國國民黨開第代表大會意義及各處海外所派代表參加以兩人為合格解釋後，由孫先生指定陳漢子、葉崇源兩同志為代表，紛爭始息。當時陳、葉兩同志乃合夥經營事業，聯袂而

第　頁　生昌造

由同人同坐、坐在一起室內之角，故順手將其兩人指定也。孫先生指定後，各代表不能不遵循也。第一天開會時，
儀式極為隆重，凡入場者不論代表或列席者、旁聽者或長官，每位均派孫先生手書建國大綱一本，該建國大綱
全部由孫先生親筆書成，用星版印刷，書面紅色印真金字，西式釘裝，極為華麗名貴。該書尚派
餘數本，存在余處。當香港淪陷時，余家人恐被敵人檢查，連同前後委任狀、獎狀及宋漢文、徐固卿、陳
英士、蔡松坡、朱執信、林煥廷、夏仲民、廖仲凱、譚組菴、胡展堂、鄧澤如、汪兆銘、林直勉、朱卓文、梅
光培、黃克強、孫哲生、吳鐵城、陳與漢等同志之來往函件一概焚毀，亦革命史料之一大損失也。孫
先生北伐，設行營於韶關，各軍紛紛調動北上，需款甚急。斯時廖仲愷同志任省長，令財政廳籌
籌集鉅款接濟，分配各軍。當時財政廳長為鄭洪年，台集省收入各機關主管長官會商籌

第　頁

款計劃、參加討論者計有官產處處長梅光培、市政廳廳長孫科、粵漢鐵路管理局局長陳興廉、公安局局長吳鐵城、東江商運局局長王棠、結果成績極佳、以孫科吳鐵城兩氏最為努力。一方面派員向香港僑胞募款一批、暫時應付目前之急需。未幾鄒洪年君辭職、由陳其瑗君繼任、陳君上場時、聘胡青瑞君為高等顧問、協助策劃一切。又聘王棠為高等顧問兼財政廳第二科科長、管理稅捐、對於籌措餉糈、極関重要。弗料陳其瑗君到任兩月餘、即染病留医於頤養院、廖省長仲愷認為在此軍事倥偬、軍需緊急之際、財廳負籌款重任、不能乏人主持、有一天深夜十二時許、廖省長仲愷到余舍下、擬着余兼任財政廳廳長、故先來徵求余同意、並已經商於陳其瑗、余明知責任艱鉅、深恐弗勝、獻醜不如藏拙、但念各軍已出發北伐、需款急於星

（生昌造）

火，倘若卸責，有悞戎机，乃允予暫时代理，仍请物色賢能繼任。於是廖省長仲愷即拍電致韶關大本營行營向孫先生請示，余則赴頤養院與陳廳長其瑗接洽，陳廳長亦認為已成弩末，力劝余負起責任，切勿推卸，旋即復電同意，先由省長公署發表派王棠兼代廣東財政廳廳長。翌日大元帥府胡代帥奉孫先生來電，復由大元帥府加委並發正式任狀，各軍出發前線，後方治安由地方軍警長官負責維持。時廣州市有商團軍之組設，陳廉伯為商團團長，鄧介石為副團長，全市分為九分團，總有商團軍弍仟餘人，兩團因陳廉伯受人愚弄，有意與政府作对，希圖搗亂後方秩序，故商團軍常與政府發生磨擦，伊並以種種手段联络防軍，向政府为難，借事倒戈。但防軍洞悉其奸，口头上允予協助，數從事实上一致行動，仍为政府後盾。孫先生在韶關徵詢此意，乃委李朗如同志充任公安局々長，以冀調劑商人與政府感情，以免發生誤會，各走極端，因李朗如同志乃陈李濟東主，占有廣州市力量，與商人関係很深，本屬一番善意，弗料李朗如同志就職後數天，商團仍固執不悟，數日後孫先生在韶関行營據報，認為事態如斯，實在忍無可忍，乃不解決，後患堪虞，復委吴鉄城同志繼任公安局々長，因吴同志為人極有胆畧，且身任警衛軍團師長，手攬兵權，遣調較易，余以商人資格不忍坐視，且商人與政府有唇齒相依，誰是誰非，總可以公理解决，不宜用武，曾用個人名義，印制傳單數仟張，派人入西関一帯分派，劝導，使商團覺悟，該傳單凡千餘言，語重心長，句々均屬金石良言，劝導商人應要尊重政府威信，不好自暴自棄，更不可以卵擊石，自取其禍等詞，當時商團佔住西関一帶，如太平門、十三行、打銅街、水腳、沙基等路口，均設有沙包鐵閘，由商團軍把守，鎗頭豎起，嚴陣以待，一切行人不准通過。余手携傳單，欲分派時，他等認為此舉於其有益無損，始准通行，入內分派傳單。派後，仍屬無效。查商團軍乃各商店自街組織，每店派伴一人或二人出而担任，鎗械由店中出資備用。各店所派出担任為團軍之伴，多屬店中多手或老闆的子侄，無氣力，方剛至於訓練，作事尚欠條理，不明白商團軍之成立，乃保護商場治安，維持地方秩序，以助政府兵力警察之不逮。乃欲假此少數武力，擾亂政府組織，攻打政府防軍。此種錯誤思想，乃無知者受人愚弄，結果干戈一動，不堪一擊，自趨潰滅之途。蓋商團軍暴動不過片時，鎗聲僅發數十响，即被防軍由四圍竄入西關之北，全部被包圍繳械。此乃證明商團軍此種舉動極端幼稚，不能信老者之言，輕舉妄動，反遭消滅，且予政府以一種不良印象也。

陳廣伯原與余交情很好，時常互相談笑，事變前，余得友人之告，知陳躲避於沙面滙豐銀行賬房內，余即走訪，第一次，該行賬房人稱，陳未有來為詞，不代傳見，余乃着友人曉以大義，並請其與余一談，旋得復允許會見，余第二次往訪，晤時他仍常堅持成見，不肯示弱，余講到唇焦舌敝，他才接受余之見解，余以忠厚待人，以為他亦忠厚待我，辭出而回，心裡認為惡化將解，希望漸漸消滅，不及半天，事果爆發矣，事隔數月，余在香港晤陳，責他不應如此滑頭，不守信義，他稱事前均皆斟妥，非他一人主張，乃眾意堅決迫得如此做去，請諒苦衷，商團變亂後，孫先生仍抱寬大之心，和睦之懷，亟欲貫通商政局情，使該方鞏固，可以一心北伐，无後顧之憂，知第五軍即「福軍」軍長李福林素稱忠實，非常勇敢，且番禺大塘鄉人，為消除過去誤會，調劑今後將來計，將廣州市長孫科調充別職，派李福林同志為廣州市市長，李同志亦能體孫先生愛護商人之意，將市財直轄六局人材慎選，嚴格，公安局局長仍由吳鐵城同志兼，財政局局長王棠兼，工務局局長莫靜蕃，公用局局長兵洮觀頫，衛生局局長李卓才，教育局局長王君康。自商團叛變後，商界明瞭余本人無官場習慣，純粹商人本色，適該商界人物時常周旋，飲夕共談，時廣東全省各縣商會聯合會會長期滿辭職，乏人主持，議決召集同人大會選舉，余以票最多被選為該會正會長，廣州市中山公會會長期滿需重選，選舉正副會長主持會務，余以票最多被舉為正會長。

第　號　頁

孫先生敬將廣州市市長一交還地方民選，市表通告各界後，逐鹿者大不乏人。由工商兩界各界票選。商界主張舉王棠，學界主張舉伍朝樞，工界主張舉胡毅生。揭曉，王棠得票最多，共捌佰捌拾七票；伍朝樞次之，得票共肆佰叁拾伍票；胡毅生共叁佰伍拾伍票。余聲明不辭，請孫先生卓奪。孫先生批示着伍朝樞任之，為北伐軍餉急需，欲提關餘挹注餉源。因中國海關曾借外款，使關餘抵償。孫先生派外交部伍朝樞交涉，致令某國與某國發生誤會，開入兵艦多艘，灣泊於白鵝潭示威，以為孫先生懼怕。民國十四年，各軍北伐，間接佈置就緒，孫先生由韶關回省過港赴滬北上，初欲帶陳與韓同志同往，將粵漢鐵路局管理局之長職派王棠兼之。國民促進會議各省紛紛舉派代表出席，廣東商界方面選出王棠為代表。余將一切手續辦妥，當赴北平出席參加，准備要

（生昌造）

息接北平噩耗，得來驚主孫先生在北平協和醫院與世長辭，余一方面覓人替代工作，趕赴北平參加奔喪，及參加國民促進會議，抵平時先到台胡同即顧維鈞住宅「治喪處」弔矣，并向孫夫人宋慶齡慰問，孫夫人知余到步，由朱慕菲女士「即朱卓文之次女」陪同孫夫人出而接見，治喪處正座設有孫先生靈壇佈置，頗為壯觀，前座之右側為辦事處，左側兩廳，一為中醫廳，一為西醫廳，辦事人及來賓用膳，中西餐任由採擇，查該治喪處乃由段執政祺瑞派許世英君主持及招待，余用膳畢，與各治喪同志稍談即驅車赴西山，車至山腳，步行百餘級，遙見一寺觀，再登數十級，則見治喪諸同志站立於寺門之外，抵達寺門前時與治喪同志握手，承告孫先生遺體現用藥及過棺，普通一般人不准近前，諸同志認為余係孫先生最忠同志，特隨便許入，余立在孫科同志之傍，含淚低首參觀過棺用藥畢，下山回旅萬翠君約同謝英伯同志赴國民會議促進會報到，隔了兩天為開會期，連日參考提案及聯絡各議員，籌理議會一切手續，擬平時幸得馬素同志幫忙及指導，均稱順利。又得徐紹楨同志在平由徐八太殷勤招待，留平半月許，會終別赴天津，住國民大飯店，同鄉中為先施公司永安公司諸戚好均來探訪，有程譜蓀君常往於黎前總統秘書唐寶寅君到訪，余於君君晤後，由唐君向黎前總統宋卿報告，承約與黎前總統相見，晤後即晚余被到黎氏請柬約翌日邀宴，余伊時赴黎公館宴，同席有王九齡等，席中談到商業問題，黎氏極有興趣，他本人乃屬軍界出身，而為政，但對於做生意談之不厭，談至香港各行生意及各大公司之組織，歎為高興，因中國郵船公司、馬玉山糖廠、香港與華製衣公司等均占有股份，尤其是對於廣东人創办之实業公司向他招股，余於投資有求必应。余在天津住了半月，乘津浦赴京，转滬乘輪船赴港。自孫先生死後，余態度消極，不欲從政，留港經商。適安乐園糖菓餅干有限公司須將生意擴展，拟聘余為總經理，是該公司董事会議通过，派吴天保、林護兩董事到余住宅徵求余意，請余担任，結果余推卸，許請就職。以適逢馬玉山糖果餅干公司因根斷絕，有倒閉之虞，影响到安乐園一般附項家紛紛到来提款，誠為整股，司面幸得各董事及各股东之助，应付裕如。前者余任大元帥府会計司司長時，係大元帥府名義由王國璇君介紹借到真光公司賣左朝居莞洋壹萬元，立有借据，豈料賣左朝左秀後延律師向法庭控告，要余墊還。查余經手在大元帥府会計司任內借入該商款，莞出入數单不止一筆，若私人追他惹起各筆債務追償，如何應付？蓋之王國璇君主張延律師與伊辯護，余方延曹善允及冼洵律師，王國璇君亦願証明非余個人借用，係屬政府借用余印記，到省垣向財政廳廳長鄒敏初聲請由財政廳發給証明書，証明與此事無涉。民國十五年春，有老同志由海外歸來，與余合組中山織造公司，先購銅鑼灣大坑波地道廿八、卅號兩間鋪位，上下共八層為廠址，專織造綫衫、棉衫，推銷南洋群島各地，不滿一載，向出品求過於供，遂將生意擴大，廠址不敷，增加資本，將原有廠址轉讓與人，再購銅鑼灣道四十號、五十號、五十二號一連七間，前為發行所及寫字間，中座為染房，後座為織造裝置機器。因擴充營業，加入黃耀東、胡俊、黃謙益、何智梅、楊道儀、馬馨、何炳垣、李星衢等為股東，改組為有限公司仍由余為總經理，馬鰲為司庫，何炳垣為副經理。孫先生安葬墓地擇定在紫金山，中央黨部擇定日期將孫先生靈柩由北平移京，舉行奉安大典，各社團各界紛紛派代表赴京參加迎櫬。余以孫先生故舊關係，係私人亦參加，赴京報名。查當時報名者均以某会某部機關社團為單位，個人不合手續，且余到得太遲，在中央黨部一連三天開會，余乃最後一天趕到，當赴領取手續時忽忙中在國民政府大禮堂與林森同志相遇，詢他如何手續，得他帶到辦事處向蕭萱同志查詢，得他幫助辦妥，並發給証章，隨即往花牌樓備得藍布長衫一件，里布小褂一件，穿起即赴中央黨部行禮。是晚在花牌樓唐森森店晚膳（唐森森乃營儐私立金洋雜貨東主。唐文卿湖北人，曾充第一任臨時大總統府庶務，民國二年被當地軍閥誣陷其私藏

34

第　說　頁（生昌造）

軍罷（同唐君）李女時也朱卓文同志交情甚篤。朱君將煽雷船机四罷一副，拆出放在唐森森家內之

士庫，談李生意頗佳，且唐文卿有些積畜，軍閥起疾，藉端誣陷，弄到傾家蕩產

幾乎生命難保）膳畢入旅店休息，聽至午祖或時楊公井附近視融聲跟隨即起

來，步行至中央黨部，參加奉安典禮，擬達獅子橋中央黨部時僅四點鐘，天尚未明，故

入有內祇有朱培德、戴季陶等四同志在禮堂之側陪，吳、余亦參加共坐一起，共談至

五時來客人續續紛紛貫而至，六時正式舉行移櫬奉安典禮，司儀員宣佈行禮如儀畢，並宣

佈執拂柩序靈柩之後，（一）孫先生家屬，（二）孫先生故舊，（三）中央委員，（四）國府委員，（五）社團（外賓　特任官　簡任官）

外賓（七）社團（八）學校等（九）合界

（六）社團（七）學校等，余以孫先生故舊之官職資格加入執拂之第二列而行，由中央孔祥（是由）

迎同志欽導軍樂隊以兩傍有大旗式面书曰皇書立教礼樂隊及各國使節均穿制服前任官
以上均穿长布長衫黑布小褂黑布鞋草帽除孫夫人及孫先生之女兩媳乘坐馬車均落黑布車篷外其餘
均步行礼儀極為隆重全市均懸半旗三天觀者人山人海乃空前絕後之哀典靈柩抵陵園後仍返中央党
部之儀式行礼礼畢將靈柩移入墳內各省都市各國均懸半旗致哀民十七年廣州五華銀行開設分行
於香港該行總行經理黃会民君來滬籌備及搜集人材商之於余欲余担任司理職余認為中山
織造有限公司負責有人在可分身出而兼任之遂徵求黃會民君同意請馬鐙君兼任司庫租
得永樂東街九十六號鋪全間兩層為行址裝修妥当開始營業數月後開設分行於上海寧波路生意頗
為發達不一年間聲譽極佳。廣東政變胡展堂汪精衛鄒魯等同志組織西南政府由滬來香港同志络绎不绝，纷纷到访，一般军政客，认余为银行行长，知余搭官浩商，历次军政客到访余者，以这次为最拥踊，且许多耆旧同志以前在孙先生生时合作者，均劝余东山再出，协助政府。众意认余在党身兼数职，持有力量，且掌握金融力量地位，对经济和政治必有许多贡献，提出与余谈话者。被余责骂不应内部纷争，应根据孙先生遗嘱，有之共同奋斗，继续努力，一炉共冶，拥护中央策划国家大计，不应意见纷歧，联合一致才是。以冒冷水淋下，令他们失望，余系一个商人头脑，商业，但几次政变，余认为不合法，概不参加。孙先生在生，只有服从孙先生主义为主，孙先生死后，惟有服从领袖宗旨，抱定不屈不挠，不贪不谋，专心将银行业务及其他生意整理，摆脱政治，奔走沪港，为行务进展。结果不久西南政府内部发生意见，由京沪来粤者

先後返京不得一致、余的商事头脳看破了其中内幕也。後奉總行命赴滬查核帳目事、畢、
偕李福林同志約同赴京、時汪精衛同志当行政院兼外交部長、聯同往訪、蒙約翌日午膳、面爲
後接汪氏請柬、翌日依時同赴鉄道部一号官舍同席者除余李福林同志外有譚礼庭鄧
敏初酒过數巡、交談甚欢、談到余来人近况、汪氏詢余曰有東山復出帮忙政府意否、余答曰、
願赴菲律賓馬尼剌充總領事館領事、汪曰係曾当过特任及簡任官、豈肯降格当領事
乎、查領事乃薦任官耳、於是鄧李譚君互相笑道、搞到王同志各樣官職也曾当过、未有
幹过外交官、余微笑答曰是、汪氏即起立入内室書一手令拿出对各位曰即發表、下文曰派王棠為
馬尼剌總領事館領事、即着人將手令送去外交部、汪氏及李福林將軍鄧敏初譚礼

庭芳君均举杯向余恭祝，并望余造福侨胞等语。余答曰承余棉力，为国効力，十分多谢诸位盛意，仍望时锡南针，以匡不逮。席毕汪氏书一便条介绍余往见外交部次长唐有壬。是日下午到外交部与唐氏接洽受委及赴马尼剌手续，请将委任及装费寄香港，并留下地址。即晚乘夜车赴沪，搭船回港料理生意。旧历年关结束，过了旧历年乘加拿大皇后轮船赴任。当该馆总领事者为邝光林，副领事为莫介恩。邝乃上海商务印书馆邝富灼之侄，莫乃香港英文教师莫礼智之子。两位与余均为世交。余在该总领事馆受职未几，适逢远东运动会在马尼剌举行，由王正廷博士领队参加。余身为领事官，当然尽棉薄协助总领事筹款和布置招待，数月奔走。因国家体面，百忙中颇称愉

快，余在任內，中華僑相当好感，如中總督及海関交涉華僑以商人資格妻子來親近夫父，不
得留难，已獲准許变通。華僑互相爭鬥常有殘害及動武不良举動，但織和平會
为許判糾紛，採訪水厝勉勵監犯等，均皆順利。華僑及各社团对余歌功頌德
七閱月，鄺光林辞總領事職，外交部批准派余代理總領事，後派廖恩燾繼
鄺之任，以公使待遇，斯處華僑電外交部反对，復派鄺宗瑩繼任總領事職
余因水土不合，呈請调回外交部，獲准回部，离馬尼剌时因種下前恩係
果華僑多抱依依不捨。動程返国时，全埠華僑商店社团学校均懸旗，欢送到碼
头送行者有洋乐兩副，有汽車弍佰餘輛，人数仟餘，各界獻花餽贈珍品，自開馬尼

到領事館以來，來去領事為數不少，此乃破紀錄之送行盛舉，亦乃空前絕後之舉也。在外交部服務數閱月，廣東方面陳濟棠有下野意，朱培德同志約余到陵園他私宅談話，知余對於兩廣政局情形熟識，徵求余意見，詢余肯去回港收拾否。余允之，答應那時各事即赴南京赴滬，抵達香港時已走，梅光培同志亦黃光銳同志擬落要當黃統帥之飛機飛京，結果陳氏下野，余漢謀主持軍事。余派赴省不久，居覺生、朱益之、程頌雲等同志先後相繼抵省，初時余漢謀同志擬派劉官鄧剛招待，下榻於南堤海軍俱樂部，因天氣炎熱，程同志等不能安睡，廷往東山鄭日東之屋居住，並在該屋設立辦事處，朱居程三同志為主辦，外由

余幫忙及对外一切工作。關於廣西省軍政要人與中央有些互相误会，態度未十分鮮明，
由朱居程等同志去電廣西黃李白說明抵省欵來廣西一行。後黃李白同志復
電歡迎，即派劉煥章君代表來省恭迎，先由黃紹雄、朱培德、程頌雲等同志乘
北斗号飛机赴南寧，特晤廣西省主席黃旭初、軍事當局李宗仁、白崇禧諸
同志，結果一見明白，廣西方面解釋絕對服從中央等情。未幾，蔣介石同志由京飛
粵，我恰住此。居覺生、程頌雲、朱益之三同志再度乘啟明号飛机飛南寧，復晤廣西省
[illegible]隔兩天，李宗仁同志與中居程朱等同志聯袂乘飛机來粵晉謁蔣委座，交談若何余不
甚詳知，但覺得互相彼此極為欣悅，相信誠懇必佳，過去中央與廣西政府一切均皆大白矣。

証明廣西省黄李白諸同志一致擁護中央無疑，蔣介石同志仍畢念舊意起款訪陳四
姑，由余先向陳四姑說明蔣同志款待訪之意，遂無家接受由余帶往，計蔣介石、居覺生、程頌雲、
朱益之、林介眉等同志一齊同往，陳四姑設茶點招待，蔣介石同志向陳四姑致意問安後，詢她有何需
求，可向余說明，由余轉達。蔣同志等去後，陳四姑託余轉達者，近來年老多病，廣東財政廳每
月僅給毫券弍佰元，入不敷支尚鉅，幸得孫哲生和契女（即陸裏）幫助，不致拮据。長此以往
亦非上策，敬請政府每月撥足壹仟元作家費，另請送給住宅一所，免使每月負担屋租，其
餘無他要求。余即將上述託程頌雲同志向蔣同志陳明後，蔣同志依陳四姑之請求，即撥大
洋壹拾萬元作建築住宅費，另派王棠、羅翼雲兩同志代陳四姑料理建築住宅事，得款後

備以百子路竹絲崗屋地一段，由余託程偉任繪圖興工建築，一切材料備妥，建至二樓，七七事變，敵机時來示威，陳四姑迫要离省赴港，該建築物和材料深信在戰中損失了。（查陳四姑前勤助孫先生革命工作貢獻極多，如鎮南關之役立功極偉）蔣介石同志在省公畢乘飛机返京，居覺生、程頌雲、朱益之等同志等先後离粵返京，東山辦事處同時結束，余則返香港遷家回省居住東山江嶺東四十号，就近料理省方生意及各兒子在省讀書，并為長男頌強與~~劉~~雲南石商寶隆號東主劉景華君之次女公子銓美結婚，時廣東省主席黃慕松，他調吳鐵城繼任省府主席，請吳鐵城同志為証婚人，陳公哲、鄭國屏兩君為介紹人，假座西堤大新公司七樓覺天[illegible]家為婚禮，禮來各院長、中央委員、國府委員、各部長、各集團軍總司令、各市長、各局長暨社團均有愧館喜帳喜聯賀礼及畫賀是日上午各親友到住宅道賀者車水馬龍絡繹不絕汽車蹤寶表嫁奩、下午四時行礼的前後、西堤之西賓菸社中、到觀礼者之汽車滿佈於大新公司之前後、是晚婚成設宴於淡海家并演田力女劇團高朋滿座濟濟一堂分兩次輪流開席、向諸親友交談甚歡、將夜半退息回中山原籍歡宴各親友及回鄉謁祖辦妥一切後適遇七七芦溝橋事發生約同李福林回去赴滬乘北亞士德總統輪船赴滬待京請纓殺敵船抵吳淞口時敵人已在上海登岸全長江戒嚴被敵人佔據兩岸邊不准船舶來往、[illegible]後總統輪船乃美國商船由美國領事館向敵軍交涉、將數輪西乃山打號蓬頂及兩傍裝置美國旗作標記方得駛出吳淞口、乘客由吳淞口駛入三馬路外灘新關碼頭沿途則有敵人兵艦數艘輪流砲擊向江灣市政府一帶轟擊、余與李福林

同志登陸後，走至四馬路杏花樓休息，並隨跟着李福林同志回他坐落法租界辣斐德路六十

號公館暫住，本欲入京，路綫查當時上海北站均被敵人炸毀不能通車，南市和浦東成為戰場，

住了數天，李同志以余入京也好，双方四出找尋去路。余每日均出外視察回來將情況向李同志報告。

斯時敵机在華界飛來飛去，敵炮不分晝夜不停的轟擊，英美法租界靠近華界之路口均

設有沙包堡壘及兵士架起机関鎗防守。大世界游乐場面前十字路口敵机投下一炸弹炸成一大

穴深約七英尺，濶約十英尺，行人及附近死傷多人。余個性好奇，每日出外均到先施、永安兩公司探聽

消息。世兄李丕志偕伊夫人鄭敏恩住於大東旅店，余每日多在他房间谈天，常由李夫人僱用大水

爐在房內煲飯和煮食物招呼。上海市公安局長為蔡勁軍，知李福林同志來滬，派員到李

公館訪問，知我們預備赴京請纓，心急，向祥生公司取得一汽車給我們，首途趙士北君知我
們赴京要求搭車，未去。開車時先經南市過徐興轉蘇州，在蘇州住花園飯店，原欵過
一夜。翌晨搭火車赴京，翌晨起行到車站時，幸知公車伕候我們乘搭之火車開了行時
才將發車回上海，到站時因將車輛調動軍隊抗戰，客車開行期無定，且敵機在站上巡迴
示威，迫不得要回頭覓汽車沿京滬公路入京，抵湯山已下午四時，在宜興午膳畢加入汽油再動
程，抵湯山時已四時許，六時抵京，住中央飯店，翌晨拔到吾謁蔣委員長，將來意告及，
請纓殺敵，因軍事倥傯，談話不多，另日再談，辭出，仍留中央飯店七層聽蔣消息，夜間則往陵
園馬湘同志家內居住數天，因馬湘夫人由鄉間回京，遷往馬超俊同志公館居住，因在馬公館居住馬同

志招待殷勤，余嫌过於騷擾，且来往跋涉，諸多不便，祇有任由李福林同志而去，余一人留住中央飯店
当时中央飯店住客恐空襲，多数迁住楼下，二楼全層僅用得兩三房，而其中有兩房係空軍人員居住耳。
因早兩天有敵机投彈於考試院內前將门外牌坊炸毀，故住客含有戒心。有一天午後中央飯店楼住
客祇得余一人及侍役一二人。敵机入市空襲，余住熟睡，故不欲下楼，絕不理会敵机。愈来愈多，我机
与他在空中交戰，侍役通余下楼，余下楼後跑出门外鉄閘边一望，并兩便二看入回飯店。敵机投彈白
虎塘（近立法院）隆然一声，中央飯店全楼被震搖蕩。敵机离市，余即跑出参观，見中央飯店右
首橋头兩人力車連車伕不翼而飛，去行近路見傍之樹木拔起，洁電油之油机亦毀爛，再跑到白虎
塘参观，見該處附近屋宇炸毀数间，人係血肉橫飛，樹上被炸斷二人手懸於樹枝，覩此慘

41

狀切齒痛心，市民多被傷殘若此，憤恨之至，心願請纓，准可，不論如何犧牲，殺盡敵人，為國雪復仇。过了一天，蔣介石同志約李福林同志会見，承説中央現設一公債委員会，由宋子文同志負責办理，系芳港澳情形熟識，欲做救國工作，幫助劝募救國公債，亦是請纓殺敵一樣。李福林同志陪蔣介石同志回中央飯店，將蔣介石同志情形說出，我们去訪宋氏，據説要為獲得要領，須准備去下関候船赴漢，將具，購妥船票，登輪經九江、安慶抵達漢口，住了兩天，乘粵漢鉄路車往長沙、坪石、韶而至廣州，在車站等候者有李福林同志之弟李芳園等，同車者亦有馬湘夫人及子女多人，由李福林同志招呼他们在李公館居住。抵廣州後逗留數天，余与李福林同志一齊过港，召集各界進行劝募公債事，第一次香港假座華商俱樂部開会，參加者有周壽臣等數十人，極為踴躍。先由李福林同志將來京受命情形報告後，由余詳細補述一番，并請旅港各界分任工作，策劃進行。過幾天李福林同志與余同赴澳門，先訪澳門商會主席范潔朋，商可否華僑愛國者担任佈置勸募工作，假座澳門商會開會，由該會主席范潔朋領導於九龍仅畢，再由李福林同志將來京受命情形報告後，由余詳細補述一番，繼由華僑領袖高可寧相繼演說，席上各界極為踴躍。為勸募救國公債事，余與李福林同志不斷的來往省港澳間，被敵人分外注意。有一天，余與范潔朋君在香港德輔道中皇后酒家二樓品茗，研究澳門方面勸募方法和各界担銷的力量，被間諜暗見。茗畢各自回去，間諜追蹤到范潔朋君房內，向范君偽稱有華僑由海外歸來，欲組織義勇軍助政府抗戰之人，欲領導，欲找一位軍事前輩及有聲望出而担住不易，拟請李福林將軍出面鉄道，請范君聯絡疏通李將軍同情。但对於经济絶無问題，總求李將軍能負起吾責，知華僑方面当然踴躍捐資，以成美舉之詞。范君本屬商人，对軍事和政治不甚明瞭，頭腦简单，且空空動動，絶不懷疑其他將該向谋所説之話，到来訪余，詳及余当时因未見过該人，祇有对范君曰，既有如此热心華僑肯出錢出力做救国工作，当然接受，請转知友人稍候，待余將余所説情形向李將軍徵求其意見。李將軍以何表示，並不定奪。余遂將此種説話向李將軍説明，李將軍擬余將范君美意轉達，甚為欣喜。着余往訪范君，转知該友人約时相叙，研究辦法。范君將余意转達前途，後擬復称，訂明晚在大同酒家弍樓会談。约妥隔数小时，接到范君送来宴会請柬，余此

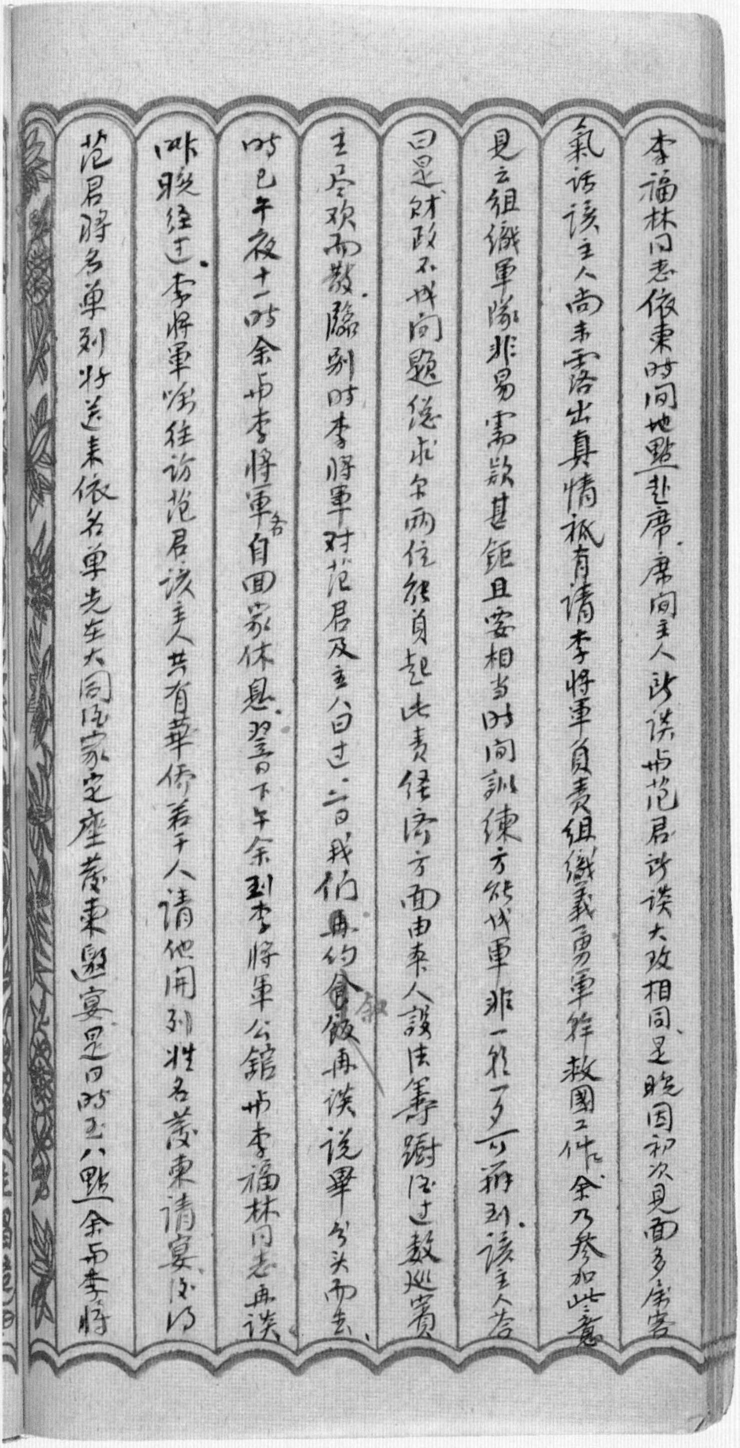
李福林同志依柬時間地點赴席。席間主人略談，與范君所談大致相同。是晚因初次見面，多係客氣話。該主人尚未露出真情，祇有請李將軍負責組織義勇軍，幹救國工作。余乃參加些意見云：組織軍隊非易，需款甚鉅，且要相當時間訓練，方能成軍，非一朝一夕可辦到。該主人答曰：是財政不成問題，總求你兩位能負起此責，經濟方面由東人設法籌辦。經過數巡賓主盡歡而散。臨別時李將軍對范君及主人曰：過二日我們再約食飯再談。說畢點頭而去。時已午夜十二時，余與李將軍各自回家休息。翌日下午余到李將軍公館，與李福林同志再談昨晚經過。李將軍隨往訪范君，該主人共有華僑若干人，請他開列姓名，發柬請宴。後仍范君將名單列好送來，依名單先在大同酒家定座，發柬邀宴。是日時至八點，余與李將

單及余乃仁三人同由般含道李公館齐乘汽車先到大同酒家被邀之客及范君繼續
而至。其中有二客係講國語不懂廣東話，僑居華僑很少不是廣東人，有一位內穿
西裝恤衫及西裝褲，外蓋新縫絲綢長衫，尚有行針之綫未脫，腳踏之鞋乃即買
即用鞋底尚未鑿凝被余窺破他的動作令余思疑。在席上所談占第一次席间之話
很有出入，顯出漢奸模樣，酒過數巡，賓主盡欢而散、臨別數客人詢李福林同志住居
何处。李福林同志为人忠厚率直照告、余則支吾以对數客人曰明日到府拜候李同志允之。
离大同酒家时余認为數客人態度莫測决意不回吾家、（因余居住九龍）跟隨李同志与余
乃仁三人同乘汽車齐回李同志公館過夜、并與研究应付此數客人計劃。回到李公館时、李同志

则入内室更换衣服。余与余乃仁君两人另在一室谈话和互相猜数客人行动和宗旨。两人亦猜及相不肯说出。结果互相用纸笔写出而猜。余乃仁君书曰（间谍）余则书曰（谨慎）将纸揭晓。后互相谈笑。李同志在内室听闻我们笑得很高庆。大声邀我们两人入内倾谈。李同志问曰你们知他们是何处华侨否。余即拈出刚才两人所猜之字给李同志观看。李同志即起恐慌态状。余对他曰知而防范不怕。最怕不知受他诱惑耳。李同志遂向余曰你有何计划。余曰即去电将实情报告蒋委员长。请示办法。若蒋委员长接受则亦但与周旋。若不赞成则作罷论。李同志依余主张即约依戚林君翌日到谈。将经过详述。託伊戚林君去电蒋委员长。一方面则由余走告范君佛称。李同志因家事去了省垣。请他转知该友人改

日能藉李同志逗留在談，暂时敷衍免使他等到来李公館雜在招呼静藉蔣委員長
消息復電以何辦理，追後得到蔣委員長佳音允許作偽继續向他敷衍，因我政府訂購到
外國軍械須款陸陸運来接濟前方，目的志在延長时间，勿被在短期内攻打廣州，又得戴笠
印雨農同志多派黄文魂同志協助長李，余等將一切經过和敷衍詳细情形向黄同志密
告并由李同志介绍黄同志直接与陳烊談話出[redacted]敵人的陰險和新謀奪廣州詭计并
偽造辦法如何華兵攻打廣州如何佔領各地製成假计劃週旋數月均系敷衍他方認以為
真相方均訂有華兵日期製成新地圖設计侵佔方畧，他送来大量香港鈔票，余等拒不收
受，更堅他們的信仰，敷衍了四閱月，所偽約華兵日期在近，李同志邀余往訪第四集團軍

總司令余漢謀將實情報告，乃余總司令約李同志與余兩人在東山退思園談話，將真情吐
露，但延期一兵不動也無消息發現，黃同志仍勇敢向前再向敵方斡旋，路到敵處佯稱從
因時機阻碍，恐有泄漏，提出展期稍緩時日，結果又延多半月，之後黃同志誠被敵人知穿，不敢再
去訪尋，該敵方已知受欺騙，黃同志稱敵方對他說若該事斡旋不好，經手者均受日本天皇要
求要受剖肚死刑云云。余等之目的雖未完滿達到，未曾得到他的軍械和物資，但延長時間數閱月
使我政府留港之軍械多已運回，接濟前方供給抗戰，不無小補也。事後廣東省政府主席吳鐵城、廣
東財政廳長曾養甫、第四集團軍副總司令香翰屏先後到河南大塘鄉覃德周村訪李
福林同志查詢該事及與敵人接洽做假漢奸之經過，除由李同志口述外，其中有由余經手斡

45

旋者详加補述。因当时为避免敵人威脅，余在李同志尊沈周之小屋居住也。該事体稍了既，余與李福林同志奔赴漢口向蒋委員長报告。蒙委任余为軍事委員会参議。未幾奉國民政府命給李福林同志青天白日章、繞全四等寶鼎勳之章。到漢口時余與李同志奔往訪汪精衛于一元街九号二樓。他夫婦知我們到來拜訪非常高興，親至跑到樓梯迎接。汪則双手拖住李之手对向登樓。陈璧君之右手搭住余的肩部，與同奔登樓。因他們知我們特出這事欢喜若狂。奔入廳中坐下。汪廳牆懸有一中華民國地圖，之角刻有台灣日本地形。刑裁汪指一鷄毛帚將圖解說。指出中華民國這樣大，日本這樣小。中華民國如大缸水，日本如湯羹。有何方法日本將中國侵吞为肆。諭詳說一番，并讚說我們這次許辞假偉特款騙敵人，打過第十萬精兵生命之作戰等語，說畢，約我兩人即晚到舍晚飯略談數分鐘，我們辭出。是晚依時赴汪公館之宴，計同席者有陳春圃、陳樹人、朱步雲、張向華、陳公博等，席間談話多講做假撑忤欺騙敵人話，各位均向我們讚許歌功領袖年。近以廣州受敵人威脅日增嚴重，余總司令漢謀、香副總司令翰屏，有款李福林同志出任工作，担任組織游擊隊，李同志接受任命後，即召集舊部由各人持鎗到來收編，由總司令部發給手彈，設辦事處於佛山，鄧彥華等協助之，余則以友誼的幫助，負責對外工作。隊部僅成，廣州方面已告危急，查敵人已向博羅、增城推進，廣州市竟淪陷敵手，佛山同時亦受包圍，李福林同志由佛山退至四邑，經之長沙，轉陽江，過梅菉，直達

廣州淪陷後乘輪船赴香港，余因負責對外工作，到廣州市領取手陣隊，此時炮已至河南，

由德戒坊僱艇開往搭碧江渡去碧江，即轉大良，由順德經中山過澳門到香港，查

是役李福林同志損失很大，他將自藏之駁殼槍叁佰餘桿及其他槍炮搬出，

但織隊伍團隊兵械散均遭損失，被敵人進駐廣州市，以查封余與李同志兩人

住地，將我們兩人之屋內傢私什物毀滅一空，中山淪陷後又將余私人住宅駐兵，復他

私仇。廣州淪陷後余與李同志均留香港，數月後李同志接中央黨部通告在武昌開全

會，而李同志要去漢口訪行政院長孔祥熙，余對李同志說余非軍事家，身為軍事委

員，參議實不稱職，欲辭不辭，李同志向蔣委員長請及政委僑務委員，晤孔祥熙

同志时他亦有提出，未几行政院会议通过委任余为侨务委员会委员兼常務委员，呈请国民政府荣委，余会即赴会就职。办公未几，武汉又告紧张，余则乘飞机飞去香港，武汉沦陷后余又由香港乘飞机去重庆，汪氏艳电发出，余觉得很奇。余住青年会，侨委会即青年会对门，每日均依时赴办公厅办公，因交通関係公事不多，公馀多与陈委员岳树人谈天，谈到此事余总不明汪氏真相。因汪在汉口请我们食饭时讲到中日问题讲得落花流水，余心裡推测他的态度未必这么快变志。余对陈委员岳树人曰，此间工作不多，十分清闲，余欲赴昆明一行，陈极同情，并曰往该处视察及联络侨胞不错，備妥机票起行，抵達昆明時往訪各舊友知交，如楊坤如、廖行超、楊希閔、范石生、劉震寰諸將友均在，知汪氏在昆明住了多天，離開未久乘飛机赴了河內，查詢劉震寰同志略知他留昆明時與各方接洽經過，於是對余談自告奮勇去河內找他勸諫，因多日無飛机班期，後閱報得來曾仲鳴被刺案發生，汪氏走了去上海，余的志願作罷，逗留昆明一月赴香港參加救國工作，如春節勞軍、傷兵之友、七七獻金、勸募救國公債、寒衣運動等，中國國民黨港澳總支部中央黨部派吳鐵城同志為主任委員，並委王天公、廖許國璋、許爾功及余共五人為委員支部委員，余本人努力且歷在香港經營商業，對各方面講話不論工商學各界比較容易，故每關於籌款均不下於人

成績最佳傷兵之友名列冠軍在數年当中領導各工團民眾工会社團開幕及成立典
禮職員就職逢請必到暨普及演講鼓勵群众促進救国工作每逢星期一僑校举
行總理紀念週請去演講必去、甚至一日兩處或三處演講均赴会參加宣達愛義
誘掖青年數手九百、并聯合譚進君合作举辦難民免費學校由兩間警開至十
一間計日校兩間夜校九間均係自掏私囊未有向外間捐款為國家培育人材
民國卅年十二月敵人侵港炮声隆隆人心惶惶商店多有關門閉戶、尤以米店停業僑胞
恐慌萬狀、尤其是下級社会人士及勞動界以工博食全靠工資度活多隔宿之粮、蓮
僑胞均屬黃帝子孫不忍坐視、遂約譚進君礦商向外籌款得香港政府准許購米

蔗售換濟貧民，在饑淋彈雨之中冒險拜旋，而維民食稍了數天，惜績極佳，再款繼續
購米發售，因風声緊急，難於出倉，遂將沽剩之米向貧民及乞食者散賑，謹進君州
次男頌剛奔走調查，不幸十二月廿二日在跑馬地山村道中敵彈身亡（次男頌剛乃中山大
學法科畢業生，平時嗜好為社会及人群服務，在培正中學肄業時代兼該校貧民義
學免費教員，精於攝影，長沙大戰曾赴戰場攝得珍品多幀，曾在香港九龍兩
青年会陳列展覽，每会數天，博得社会各界好評）余為僑胞服務損失次男
頌剛，九少國家失了一人材，尚大自次男頌剛中彈身亡後，内人愛子情切，痛哭流涕，飲泣成疾
斯時市面秩序非常紊亂，遍地皆兇，舟車停駛，覓調理乃非容易，家中幼子成群，繞膝

啼遮遭此打虐慘不堪言、十二月廿五日香港政府投降淪陷敵手進退維谷着拋棄妻
子不顧於心何忍、迫要躲避於德輔道中太平保險公司（即金城銀行）閣樓、十二月廿七日
有許祥忠（又名許夫）到我、我被口甜舌滑欺誘出作傀儡以靚余本旨堅守、被迫登報
及刊登待軍歡迎敵軍及聯絡之團聯名通電反對國民政府、拿手出稿件交余閱覽、
余始終不肯、許氏向余諸多恐嚇、余斯時寧死不從、他對余曰、你過去在港工作許
擊手日人人所共知、你保管之國華日報及晚報常常罵日本罪惡、毋負罪若余之
表示恐敵軍置你於死地等詞、余仍然鎮靜、惟有低首腦中祈禱倚賴上帝
陽數分鐘許氏覩此情形知余難於就範、他日來（刊造）一稿損稿件、余答曰余要

第　張　頁　生昌造

登報之必要，他發怒曰不論如何造詞總要登之，其款由你來人起草，余（起初為第一次）與他面斥稿，向他曰不合大政特改改以確不拔文，再擬第二次稿給他觀看，他稍滿意，卑告寢息。觀他來意非為屯荷單，實欲余就範於他，但見難於入手，若且要求一登之告白，藉換面子。告白稿訂妥後余遂下樓，與譚進君商量，徵求他同意，聯名而登，因譚進君害怕未肯論論之。前兩天他來到太平保險公司避難（見第），余留他在公司避難，勿外出，免遭危險。該告白乃在星華僑兩日報十二月廿八、廿九兩日登出。文曰（譚進）王棠敬告僑胞：我乃咐退，現上中環西營盤荷李活道等街道秩序良好，頗覺安靖，凡我僑胞商店亦即復業，以維市況，莫自害驚，致遭損失。工友們亦請安份復職為要。卅一年一月一日敵人有館到

新英明照相館搜查，將攝影鏡、戒指去，并將屋住客虐待，拳打腳踢，屋伴尋着余回去

維持僅甫入門半句鐘，被西地區憲兵拘去，扣押於東崇道別發書局二樓，扣留了四日

鐘，有曹長出而問話，於錄口先向留港工作情形畢，放回。一月七日又有憲兵到店着

去大東亞會二樓問話，有武裝士兵押往，來意非佳。到時幸在座多人均香港商界

領袖，見余向各位點首及握手，憲兵見狀，着余與他們商界合作，勸導商人復業。當

時姑且允之。各人均起程赴商會開會，余則藉此機會擺脫回家。一月十日憲兵亞機關派

人到邀去問話，店中各伴覩狀，認為必被扣留，因查已被扣留者多人。到步時由版田盛

誠問話，他手中已拿有余本人履歷表及在港工作情形，說明他此次向乃非查要

注意着。余初入党时及在美洲与孙先生合作辦党经过民国之事，第一任临时
大總統府期间情形，询毕，劝余出而与蔣介石合作，他称来人主张和平，询余肯出任
斡講和否。余答曰：講和平余極赞成，恐人微言輕，声望不夠，最好另选高名賢達者，如不嫌鄙
绝及材疏学浅，必要时惟有遵命，但能否达目的不敢断言。谈了半句鐘，無辞而出，他知余在
香港相当情形熟识，託代买烟仔、盒及自来墨水笔及影相材料多次，當询各人住址，将经
来有告及，祇曰不知。伍鸿南、余荣两同志先後到来访余，余劝他急离香港。是年五月余来黄
州湾，适逢侨委会两次要求陈委员長樹人，请将久蒙難下及侨务来渝旅費，久候均無答
复。斯时囊空如洗，调查以广州湾赴渝路经最低需款大洋陸仟仟之，回港筹寄不獲返港

時知王鼎筌同志已由興田機關出來，住於文武東街大同陶化公司，即往訪，斟酌離開電白，并介紹與董志炳君相識，互相研究密商離陸計劃，彼此均同一心，非急離不可，由董志炳夫婦先離陸來廣州灣，余則繼其後。余抵灣知中央黨部吳秘書長有款善之匯到給王鼎筌同志，余則尚未見之，係委會有款匯來，望眼將穿，不獨無款匯來，也無音訊消息，斯時極為焦急，惟有去函香港催促王鼎筌同志快來，詎料十二月十八日遂溪縣大光報粵南版登載國民政府命令將余本年給之寶鼎勳章褫奪。未幾王鼎筌同志抵步，余就與王同志齊行赴渝，商明之王同志，據王同志稱有此褫奪勳章情形，等待本人抵渝後查明真相，然後函復即來，不料王同志去後不及一月，敵軍進駐廣州灣，相方亂不能來往，至佚。福祿壽飯店正在須人助理生意，承各股东命運暫留港協助生意。進行未幾，誼親姚蓮英君与李洛甫君合作承頂得大新飯店改為大新合記伍家。要余協助，余占股壹萬元，即設法沽了打字机及衣服僅得柒仟元，除交姚蓮英君繳股本尚欠叁仟元由姚君補足（因頂手大新飯店時有些佣金之故）。卅二年三月向姚蓮英君承頂21木喬街四五六飯店改為問心棲，余亦協助開業。前余將西營大樓及照相紙沽去，得款四仟元交與姚蓮英君收作問心棲股份。開業後生意頗佳，事隔半年姚君向余稱問心棲不欲外人入股，擬為他一人作全東，幹之講價未見將股款交還。大新伍家初開得範圍太濶，開銷至鉅，又因敵軍進駐廣州，港及各界紛紛向內地去，人口漸少，生意陸續零落，經營不及五閱月，資本虧缺奇重，各股東主張收盤，出頂與人。斯時市況極為覓人承受不易，李洛甫君負担附項，因係將全盤訂一底價頂與李君作填抵附項，後由吳秋芳再組織小本經營，邀余參加与李洛甫君租出傢私什物舖底（作罗格式），縮小範圍繼續營業。至卅三年六月一日晚赤坎市區被空襲，投彈同樂戲院，即國際舞廳被投彈一枚，炸毀建築物，并死傷數十人。因國際舞廳與大新酒家對面，被波及，大新瓦面震爛，門面玻璃盡碎，碗碟碗罌酒數毀去甚重，大新損失極鉅。炸後該街來往者稀少，入夜無人經過，生意全被影响，乃堪難捱，吳新芳合股友主张停辦不幹，不想再受損失，後由余再与李洛甫研究設法維持，先作罗格式，每月傢私什物舖租東西大洋弍仟柒佰伍拾元，訂明合約，若余有力量，六個月内隨時交足找[illegible]元，有權全盤承頂，即將辦法与挑簿吳君斟酌，互相談妥满意，但要徵求挑將鄭秀章君肯負起全責，所以經履行，結果同情，之定立約，由六月十七日即舊曆四月廿七起租，即維返裝修，六月廿七日即舊曆五

52

月初七晚由余約姚康與夫婦鄒章君共在陶然亭二樓食晚飯斟酌用人和營業主旨七月廿二日即
舊曆五月十二開始營業七月六日下午余到牛皮街姚寓商量合作資金計人手為司理月薪壹仟伍佰元姚
康與君為總經理月薪壹仟伍佰元鄒章君為負責廚房全責並買手及打殿月薪壹仟伍佰元姚自稱本
人有寫心收益及其他收入願將本人薪俸給與余收受為將大新酒家讓姚君指出一部份數額之外
其餘多由余與姚及姚嫂向外間借貸均以信用籌借而回各所謂資本額也姚康與君訂
安薪俸後并稱聲明該大新酒家分為十股他日盈餘作十股計算姚康與占四股余占四股鄒章
君占壹股周始君占壹股（周始乃點心師初預他負點心部專責後意見辭職）是年九月四日余五
五壽辰并與姚康與君之子本誠正式上契結為誼父子是晚賓朋滿座勝友如雲設筵拾臺

桌於大新酒家并有音樂助慶。十月間姚漢興君衿兄黃榮君由澳來港，此有黃榮君

協助大新酒家。余儘漸減輕工作。十月下旬有高泰山君用益民公司名義投得赤坎市衛生捐

街市稅捐位租，經聘鄭生君為副經理，招俊才君為稅捐主任，該公司總經理高泰山派人

四出搜羅人材幫忙。余原不欲再出做事，業經埋名市隱，但高君再三要求，結果聘余為益

民公司顧問兼總務。因此將招君均為同事，閒談中得招君說出擬將中國馬路三十二號自營

故衣之興利行出頂，此人取頂費伍萬元。余諗他日可否平的，他日若係願承頂，則減低五仟之收

實四萬伍仟之。將招君所談轉告姚漢興君同意，即將他成交，用該鋪位改名紅棉麵飽

餐室從事裝修，由姚漢興君負責集股，洗子隆、徐國興與李少初等君亦占有股本，推舉

十二月十五日開始營業，余因無現金未有股份加入，祇盡朋友關係負責幫忙對外工作，月中仍抵什下稿
及加一小張一份務資，彌補自開業後生意頗稱平穩。余自兼益民公司廠內及總務後，月中收益比較前時畧
將余向姚謙與君提出大新公司家敗給之薪金兼領，姚君遂面份頗讓回姚君自享，不欲長叨人家的
光。向姚君說明他於言此乃是我本人誠意，若不要反遭我不高興，觀此情形，姚君受之。民國卅四年
三月赤坎游泳場欲整理開業，該場由江卓舟君欲姚君接辦場內食品部，姚君仍比請我出來
與余及鄭童君商量辦法。姚君主張余與鄭童君同往南華路112號房與江卓舟接洽，結果成功。
佈置開業經營月許，飛機時來空襲，在附近投下一彈，震動場內碗碟杯酒等毀爛一批，蝕害疏
小，拿累停業。六月七日因閒談余與姚謙與君談到前與問心樓的股本四仟元如何着落，姚答曰當時之

大新股仍不數將此款撥入另語查大新開業時之股款與問心樓開業相差三個月大新在問心之先之股

款仍在先、但兆謙與君記憶性弱彼此親戚余不與較惟有嘿忍寧願吃虧若根之要較誠

恐有失感情、乃是年六月廿六日逢余五六生辰之期由誼男兆本誠黃雄欽衛東請名知交

及親戚茶會以資慶祝東文誼文王公棠自幼追隨總理參加革命垂四十年對黨國貢

獻殊多歷充軍政要職自香港淪陷避地廣州灣子孫眾多均未隨來抵灣後專心辦

理本人出品並得友人之助開設食品店數家辛苦經營三年如一日雖有外間一切大小事務概不

聞問祇有埋名市隱不求聞達以淡薄明志而待最後勝利之來臨大中華民國卅三年捌

月廿六日逢誼父五六壽辰適逢和平實現之時薄海同歡之日敬備茶會恭請光臨指

本誠英雄散約茶會設大新酒家二樓下午六時起至四時止奉通父命將酒席金弍萬元撥

送寸金路中華基督教會購地建築福音堂崇樓聊表棉薄如各親友餽贈賀礼請惠

現金以便用途者為義將款如數轉送中華基督教會一併撥充購地建堂俾集腋成裘共勸善舉不

勝厚幸計共得親友送來賀儀現款伍萬伍仟柒佰之連酒席金合共柒萬伍仟柒佰元正

送中華基督教會主席洪賢與司庫曾伯華主任牧師李法輝聯名簽署奉回收條

存據